LE PROBLÈME SOCIAL

SOLUTION PRATIQUE

BASÉE SUR LES PRINCIPES DE

LA TRINITÉ SOCIALE

LIBERTÉ INDIVIDUELLE — SOLIDARITÉ — PRINCIPE RÉGULATEUR

PAR

PIERRE DUGAVE

IMPRIMERIE BERGER-LEVRAULT

NANCY-PARIS-STRASBOURG

1920

Prix net : 4 francs

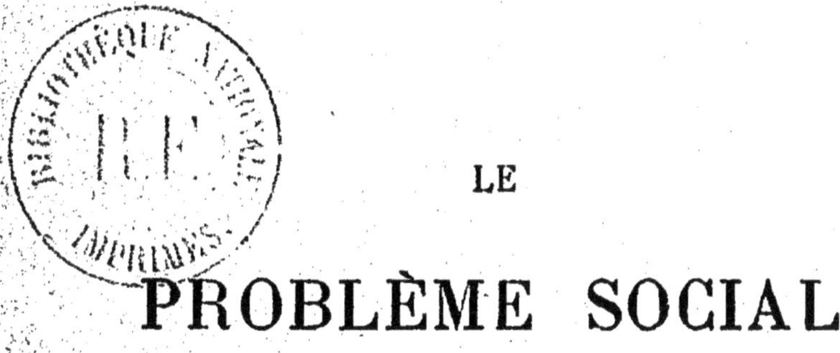

LE
PROBLÈME SOCIAL

LE
PROBLÈME SOCIAL

SOLUTION PRATIQUE

BASÉE SUR LES PRINCIPES DE

LA TRINITÉ SOCIALE

LIBERTÉ INDIVIDUELLE — SOLIDARITÉ — PRINCIPE RÉGULATEUR

PAR

PIERRE DUGAVE

IMPRIMERIE BERGER-LEVRAULT

NANCY-PARIS-STRASBOURG

1920

LE
PROBLÈME SOCIAL

CHAPITRE I

INTRODUCTION

Pour faire une étude sociale, la première question à élucider est de savoir s'il existe une science sociale.

Il y a bien une foule de combinaisons qui veulent résoudre l'organisation sociale par le communisme, le collectivisme et autres vagues sentimentalités, qui n'ont aucune base scientifique, qui, par conséquent, ne sont susceptibles d'aucune application pratique.

Nous devons donc rechercher d'abord s'il existe une solution, basée sur des données scientifiques, qui permette de donner à la vie sociale une base précise et des règles indiscutables; or, ces lois, on ne peut les trouver que dans celles établies par la création.

C'est dans les lois créatrices seules qu'il est possible de découvrir les règles applicables à la vie sociale; toutes les discussions philosophiques, comme les plus sublimes sentimentalités, ne peuvent rien contre les lois inexorables de la création : l'homme n'a pas le choix des moyens, il est obligé de se soumettre à ces lois et ne peut se mouvoir que dans leur orbite; il n'arrive à rien en dehors des éléments que la création met à sa disposition.

Il ne viendra à l'idée de personne de vouloir réagir contre ces lois créatrices; lorsque l'homme, par ignorance ou pour d'autres raisons, s'éloigne de ces lois, ses efforts restent stériles et il se dépense en pure perte; il lui appartient donc de rechercher le principe de ces lois et de s'y conformer; moyennant cela, il pourra vivre avec le minimum d'efforts et faire prospérer son bien-être.

Ces lois de la création ont souvent des répercussions si lointaines que leur raison d'être échappe complètement aux recherches de l'humanité.

Prenons un exemple :

Que de fois nous avons entendu dire que le créateur s'était trompé, quand il a fait apparaître sur notre globe les grands fauves; en effet, on se dit qu'on pouvait bien se passer des lions, des tigres, des ours et autres carnassiers, qui tuent et dévorent les innocentes gazelles et autres herbivores et ne vivent que de destructions; on ne voit pas quelle nécessité peuvent avoir tous ces fauves et quelle nature de services ces bêtes sont destinées à rendre à la vie du globe.

Or il faut d'abord bien se pénétrer de ceci : que tout ce qui existe sur terre a sa raison d'être et une destination; que chaque élément de la vie du monde a un rôle à remplir; de ce que l'homme ignore presque toutes ces lois, elles n'existent pas moins; peut-être même dans notre vaste trésor scientifique y a-t-il là une lacune dont il conviendrait de s'occuper; il est certain qu'une étude spéciale sur le pourquoi de la création serait fort intéressante et instructive; elle permettrait d'envisager des horizons inconnus jusqu'aujourd'hui; voyons maintenant notre exemple des fauves.

Eh bien! tous ces grands fauves vivent dans les forêts, soit dans les climats tropicaux ou tempérés; les carnassiers recherchent toujours pour leur habitat les fourrés impénétrables des grandes forêts.

Les herbivores, au contraire, recherchent les herbages du fond des vallées et des plaines; eh bien! supposons un moment qu'il n'existe aucun fauve et que les herbivores n'aient aucun adversaire; il en résulterait que les herbivores détruiraient les forêts; que, par suite, les pentes montagneuses, se trouvant déboisées, seraient lavées et entraînées dans les plaines, et que, à la longue, les montagnes disparaîtraient, n'ayant plus rien pour retenir les eaux pluviales; les terres se transformeraient en déserts.

Ceci n'est pas seulement une hypothèse; on trouve en Asie de vastes déserts n'ayant plus aucune végétation et, au milieu de ces déserts, on trouve encore les ruines d'anciennes, très anciennes habitations humaines; cette constatation jointe à l'étude géologique des terres indique que ces terres stériles, transformées en vastes déserts, sont les restes d'anciennes montagnes qui ont été détruites par un long usage de la vie pastorale; les moutons, les chèvres et autres herbivores détruisant toutes les végétations forestières, il s'ensuit que le sol montagneux se trouve à nu, et que les pluies et les gelées se chargent de tout détruire.

Il faut bien remarquer que le fait de la destruction des montagnes est un acte de l'homme ignorant et inconscient, et que les lois créatrices à leur tour ont chassé l'homme des vastes déserts créés par lui et où il ne trouvait plus de quoi vivre.

Si l'homme n'est pas intervenu et si les lois créatrices agissent seules, l'harmonie de la nature renaît dans toute sa grandeur et ses beautés; les fauves qui peuplent les forêts se chargent de les défendre contre les herbivores; ces fauves sont donc en réalité les gardes forestiers institués par les lois créatrices. Ces gardes tiennent à distance les herbivores, et il s'établit un équilibre entre le nombre des fauves et celui des herbivores.

Il serait certainement fort intéressant de poursuivre l'étude de ces lois d'équilibre, mais cela nous sortirait trop de notre sujet, et nous pensons qu'il vaut mieux renvoyer cette étude à celle des lois créatrices qui forment un compartiment scientifique fort intéressant à tous les points de vue. Cette étude facilitera beaucoup l'action de l'homme, qui cherchera à se renfermer dans les limites indiquées par les lois créatrices et qui lui permettront d'écouler sa vie sur notre globe avec le moins d'efforts possible.

Revenons maintenant à la recherche de nos lois sociales.

Constatons d'abord que, dans les périodes les plus reculées de son existence, l'homme a été obligé de vivre en société. De tout temps, il s'est formé des peuplades guerrières qui ont obligé les hommes à se grouper pour se défendre, et instinctivement ces hommes se rangeaient sous la bannière de celui qu'ils considéraient comme le plus fort et le plus adroit; de tout temps, l'humanité [illegible]t soumise à un pouvoir dirigeant. La lutte entre les groupements a mis en évidence non seulement ceux qui avaient les plus grandes forces physiques, mais ceux qui, par leur intelligence, ont su le mieux organiser leur groupe tant pour l'offensive que pour la défensive et la marche normale du groupement.

L'amélioration et le développement de ces groupements ont entretenu ces luttes, qui se sont toujours continuées et que nous retrouvons encore aujourd'hui après des milliers de siècles. Ces luttes entre groupes ou nations ont toujours existé et se sont toujours continuées, et nous ne pouvons entrevoir si jamais ces luttes pourront cesser.

Ces luttes sont en quelque sorte nécessaires à la vie des nations et à leur développement; ces nations forment des unités qui ont une vie propre; cette vie se meut comme celle de l'individu; il est nécessaire que ces unités fassent des efforts continus pour gagner la supériorité sur les groupements voisins; absolument rien ne permet de supposer que ces luttes pourront disparaître.

Les sociétés ayant toujours existé, la lutte pour gagner la suprématie sur le voisin ayant toujours fait partie de la vie des nations qui à l'origine n'étaient que des tribus, ou même des groupements, on est forcé d'admettre qu'une nation forme une vie et a, dès lors, des règles d'existence et des lois.

On ne peut admettre que ces existences nationales qui ont pris l'homme à sa plus lointaine origine, que ces existences se soient développées comme par hasard; non, rien dans la création ne se meut au hasard; tout obéit à des règles rigides.

Si encore les nations n'avaient existé que d'une façon temporaire, on pourrait dire qu'un fait passager n'a besoin d'aucune règle suivie; qu'au contraire la vie nationale qui a toujours existé et qui s'est toujours continuée, que les luttes ont renforcée, cette vie ne peut exister qu'avec des règles.

Suivant nos recherches, ces règles sont :

1° La liberté individuelle;

2° La solidarité;

3° Le pouvoir régulateur.

Il n'y a que ces trois principes et il n'y en a pas quatre. Toute la vie sociale est réglée par ces trois principes; il ne faut pas s'en étonner, car on peut se convaincre par de nombreux exemples que tous les problèmes de la création sont ainsi réglés par des principes d'une simplicité déconcertante et qui, par cette simplicité même, échappent aux investigations des hommes.

Il y a dans ces trois principes cette caractéristique que les deux premiers sont opposés l'un à l'autre et tendent à se détruire; de là le troisième principe régulateur : celui-là appartient à l'homme. C'est lui qui le règle; s'il le fait avec intelligence, l'état social du pays auquel ce principe s'applique s'améliore, et les forces de ce pays augmentent d'autant. Tout, dans la création, est fait pour la lutte; cette lutte entretient la vie et augmente sa force, au moins pour les pays qui appliquent avec le plus d'intelligence ces principes.

Les autres restent en arrière ou reculent; beaucoup de pays se figent dans les immobilités séculaires. Nous examinerons leur cas plus loin au chapitre « Église ».

On se demande comment des principes aussi simples ne sont pas appliqués d'emblée dans tous les pays. Eh bien! non, aucun pays ne les applique d'une façon absolue, mais, dans les pays à civilisation moderne, on s'approche de ces principes.

Il semblerait que, dans cet ordre, l'Angleterre occupe le premier rang; du reste, l'ensemble de notre étude permettra à toutes les personnes qui connaissent les pays étrangers de faire un classement sur leur degré de civilisation et d'envisager l'avenir qui est réservé à ces groupements.

Nous allons étudier ces trois principes dans des chapitres spéciaux, puis nous analyserons les grandes organisations sociales existantes. Cette méthode nous permettra de conclure pour chaque chapitre avec clarté et précision et d'établir les conclusions finales de cette étude.

CHAPITRE II

LIBERTÉ INDIVIDUELLE

La liberté individuelle doit exister pour laisser jouer librement la lutte pour la vie, le *struggle for life* des Anglais.

La lutte pour la vie a été étudiée par beaucoup d'auteurs, mais surtout par Darwin; cette lutte existe pour tous les êtres de la création. L'homme y est soumis comme tout ce qui vit sur le globe; même le règne végétal fonctionne avec les effets de ces mêmes lois.

Tout ce qui vit sur notre globe est sujet à une transformation lente qui adapte l'être à sa destination et aux modifications que cette situation peut subir, car tout est soumis à un travail continu, et rien ne peut échapper aux conséquences de cette loi. Les êtres insuffisamment armés pour cette lutte succombent et disparaissent, et ce sont ceux qui s'adaptent le mieux aux exigences de cette lutte qui survivent et se reproduisent.

Grâce à cette loi, la sélection de tous les êtres se fait vers une amélioration de l'espèce, en tenant compte que cette amélioration ne vise que le but prévu par la création.

Chez les uns, c'est la force physique qui semble indiquée comme but; chez d'autres, c'est la vitesse de course; chez d'autres, c'est la ruse; dans tout le règne animal, c'est l'être qui est le mieux organisé pour satisfaire et pour subvenir à ses besoins qui prend le dessus.

Si on fait la comparaison entre les tout premiers hommes et ceux d'aujourd'hui, on peut déduire que pour l'homme la sélection se fait dans le sens du développement intellectuel. Déjà Claude Bernard avait établi que l'instinct naît avec l'être et reste invariable; tout être le possède au même degré, si au moins il n'est atteint d'aucune tare ou maladie, tandis que l'intelligence est perfectible. Cette démonstration de Claude Bernard pourrait suffire; nous pouvons ajouter encore que le cerveau de l'homme est perfectible comme tous les autres organes de l'humain; les exercices du corps développent le système musculaire et nerveux; ceci est universellement reconnu. On sait que, pour obtenir un coureur, il faut un entraînement méthodique de marche et de course; tout le monde sait que les muscles des bras se développent par des exercices suivis à la seule condition de ne pas faire de surmenage, et chacun ne doit demander que le développement que son organisme lui permet.

Il en est de même du cerveau; le cerveau aussi se développe par l'exercice et se détraque par le surmenage; chacun doit limiter l'effort du cerveau à la puissance de sa constitution, car, d'un sujet à l'autre, la puissance mentale varie à l'infini.

Dans l'ensemble des facultés mentales il y a des variétés infinies : tel n'a que de la mémoire, tel autre n'a que la faculté de l'assimilation; tel autre a la faculté d'émission, tel autre la conception; chacune de ces qualités existe dans le cerveau avec une proportion quelconque; de là des variétés infinies.

Eh bien! la lutte pour la vie oblige l'homme à développer ses facultés mentales. La loi de sélection est absolue. Ce sont les hommes le plus fortement doués qui sont le plus recherchés; les succès intellectuels entraînent tous les autres succès; c'est une terrible loi de nature qui fait bien des victimes par suite des nécessités de notre civilisation et de notre état social; il est peut-être impossible d'appliquer un correctif. Ce sont de ces lois de nature qui remontent toujours à la surface malgré toutes les conventions sociales, aussi faut-il être indulgent pour les fautes qui en résultent.

Dans les pays de pouvoir absolu, la liberté individuelle est réduite au minimum, et la lutte pour la vie ne joue presque pas; aussi les habitants de ce pays voient à la longue leur cerveau s'atrophier. Les individus ne recherchent plus rien que les satisfactions de leur entretien immédiat; ils restent absolument indifférents à toute conception d'idées générales ou de principes abstraits, ces hommes perdent toute idée d'initiative et se laissent vivre sans aucun but et pour l'unique satisfaction des besoins matériels.

Il y a bien dans ces pays quelques hommes actifs qui cultivent leur intelligence et arrivent à des résultats remarquables, mais ces intelligences isolées ne relèvent pas un pays; ce n'est pas quelques têtes de valeur qu'il faut pour classer une nation. Il faut que l'ensemble des habitants développe ses facultés mentales; ce n'est qu'alors que ce pays arrive à dominer ses voisins.

Par conséquent, ces pays ont des unités bien inférieures à celles des pays où joue la liberté individuelle; aussi ces pays à intelligences atrophiées passent à l'arrière-plan et sont dominés par ceux où l'intelligence est plus développée.

La liberté individuelle est donc indispensable au développement des facultés de la lutte pour la vie; par suite, on doit chercher à faire agir la liberté individuelle le plus largement possible. Le pays augmentera ainsi la valeur de ses unités et par conséquent de son ensemble.

La liberté individuelle est fortement établie par le principe de droit. Il y a dans ces solutions d'autres argumentations et d'autres déductions que les nôtres, mais tous les auteurs sont d'accord pour préconiser la plus large liberté individuelle.

La liberté individuelle préconisée par les principes du droit vise la liberté de la personne et est d'ordre juridique, tandis que nous entendons par liberté individuelle non seulement la liberté de la personne, mais encore la liberté pour cette personne de penser et de concevoir, c'est-à-dire la liberté morale et la liberté de conscience. Nous entendons toute la liberté qui, pour chaque individu, ne finit que là où commence celle d'autrui.

On n'a pas de peine à faire fonctionner cette liberté; elle agit toute seule, il suffit que pour motif de solidarité on ne l'empêche de se développer; il faut savoir régler avec intelligence le jeu et l'équilibre entre la liberté individuelle et la solidarité, et toujours se pénétrer que ces deux principes opposés doivent vivre ensemble.

CHAPITRE III

SOLIDARITE

Nous avons vu qu'une société n'a pas beaucoup d'efforts à dépenser pour faire jouer la liberté individuelle, il suffit de ne pas l'enrayer; elle joue toute seule. Il en est autrement de la solidarité qui doit s'imposer par la volonté de la société.

Or, une société ne peut exister sans solidarité, et avec une solidarité réduite et partielle, une société perd de sa force en proportion de la diminution de la solidarité.

Au fur et à mesure que la solidarité diminue dans une société, l'individualisme augmente et l'équilibre est rompu entre ces deux principes; tous les efforts doivent donc tendre à faire vivre la solidarité et à ne pas instaurer l'individualisme. Il y a un principe absolu en cette matière qui peut se traduire ainsi :

La société la plus puissante sera celle où existera la meilleure harmonie entre la solidarité et la liberté individuelle.

Une société où l'individualisme prend le dessus au détriment de la solidarité est une société en dégénérescence; cet abaissement se traduit entre autres par la diminution de la natalité. Dans ce cas où l'individualisme prend le dessus, la lutte pour la vie devient plus dure, les parents ne se soucient pas de se charger de famille, ils ont assez de difficultés pour se suffire et puis, sachant par leur propre exemple combien la vie est difficile, ils ne se soucient pas d'exposer leurs enfants à cette dure épreuve et préfèrent s'en passer.

On a cherché bien loin en France les causes de cette dépopulation; on dit que la dégénérescence est cause de la dépopulation. Non, ces deux phénomènes ne sont pas produits l'un par l'autre, tous les deux dépendent de la même cause. C'est le manque de solidarité et le développement de l'individualisme qui en est une conséquence.

La France se dépeuple et marque par là sa dégénérescence; beaucoup de grands penseurs estiment que cette dégénérescence est fatale et irrémédiable; eh bien! nous n'admettons pas cette théorie et nous disons qu'elle n'est pas exacte.

Du moment que nous démontrons que c'est le manque de solidarité et le développement de l'individualisme qui sont cause de cette dégénérescence, nous voyons d'où vient le mal; nous connaissons son origine et nous constatons sans peine que les causes de ce mal peuvent être combattues et que notre société peut être ramenée à l'état d'équilibre.

En effet, pourquoi notre solidarité diminue-t-elle?

Par la raison fort simple que notre solidarité avait été obtenue par la foi religieuse; cette foi a diminué depuis longtemps. Par conséquent, le lien qui en résultait s'en va, et rien n'est venu remplacer cette foi et ce lien. Nous sommes dans une période transitoire, nous n'avons plus la foi et nous n'avons rien qui la remplace.

Nous savons bien que les hautes autorités de l'Église espèrent faire revivre cette foi et par suite faire retrouver au pays sa solidarité; nous croyons que c'est là une généreuse illusion et une grave erreur, car on fera des efforts considérables dans un sens où l'on n'obtiendra aucune solution. Ce serait fâcheux d'orienter le pays vers un but sans résultat.

Bien entendu, nous ne disons pas que l'Église ne doit pas faire son possible pour faire renaître la foi, mais ce serait une faute de vouloir baser la solidarité sur ce résultat; la faute serait d'autant plus grave, que la solidarité peut s'établir sans le concours de la foi d'une façon plus concordante avec les lois de la création.

A l'origine, l'Église a pu faire l'unité française en créant la solidarité par le dogme et en supprimant presque totalement la liberté individuelle. Une pareille organisation n'a pas d'avenir. Cela dure un temps et puis cette société disparaît ou recule ; c'est le cas de toutes les nations qui ont basé la solidarité sur le dogme. Chacun peut se rendre compte de cela, il n'a qu'à passer en revue toutes les nations anciennes et mesurer où la solidarité est obtenue par le dogme, et il jugera ce que ces pays deviennent.

Il faut un autre lien aux sociétés modernes pour obtenir la solidarité, et ce lien ne peut avoir pour base que la justice absolue, intégrale pour les habitants du pays ; il faut que chaque Français habitant la France soit en sécurité et en tranquillité comme dans sa famille ; ce n'est pas peu dire et ce sera pourtant bien difficile à obtenir, mais pas impossible.

Il sera nécessaire de réformer totalement nos mœurs publiques, qui sont une cause de division fondamentale. Comment l'obtenir ? Nous verrons cette question en détail aux différents chapitres que nous allons traiter.

Retenons seulement que toutes nos grandes organisations sociales doivent tendre à faire vivre la plus grande solidarité possible; il faut renoncer à diviser le pays en partis politiques, qui restent éternellement des adversaires.

Tout au contraire, on peut le diviser sur une question déterminée, mais, une fois cette question éclaircie, l'harmonie doit renaître entre tous les citoyens.

CHAPITRE IV

L'ÉTAT ET LE POUVOIR RÉGULATEUR

L'État représente le pouvoir délégué par l'ensemble de la société à un certain nombre de fonctionnaires; ce pouvoir est délimité par les lois, établies et acceptées par la société elle-même, le rôle de l'État consiste dans la surveillance du fonctionnement et de l'application de ces lois.

L'État a en outre pour mission de favoriser le développement de la vie intellectuelle du pays; c'est à lui qu'incombe le pouvoir régulateur pour faire vivre en bonne harmonie la liberté individuelle avec la solidarité; c'est à lui que revient la responsabilité de faire jouer avec intelligence ces deux principes opposés.

Ce problème énoncé en quelques lignes est le plus grave des problèmes modernes et le plus complexe à résoudre. Aucune nation n'est encore arrivée à le résoudre complètement, mais on peut déjà constater que les pays où ces pouvoirs régulateurs sont le mieux appliqués sont aussi les pays les plus puissants et se trouvent à la tête des pays civilisés.

Un peu partout, l'État a une tendance à agrandir son action et à sortir de son rôle. Pour des raisons diverses, on voit des États se charger d'exploitations industrielles et commerciales : c'est une faute grave.

L'État ne doit pas empiéter sur l'individu, dont la liberté doit être respectée; on peut partir de ce point que tout ce qui peut être fait par l'individu sort de la sphère de l'État, qui lui ne doit s'occuper que des intérêts généraux du pays; par exemple :

La défense nationale ne peut faire l'objet d'une entreprise privée; les travaux de défense ne peuvent être édictés que par l'État, comme tout ce qui concerne la défense nationale; l'intérêt privé ne peut organiser des armées, forcément ce rôle revient à l'État.

Si l'État se chargeait de faire des ateliers quelconques, il n'y a pas de raison pour que cela ne se généralise pas, et alors nous tombons dans le communisme et le collectivisme. Ce sera le règne de sociétés avec quelques pontifes et une foule asservie qui a perdu toute notion d'initiative individuelle. Après quelques générations de cette existence, les intelligences non entraînées s'atrophient; on n'a plus finalement que des masses dociles et sans volonté, ne s'occupant que de leur vie matérielle, et sans force pour résister à des pays voisins où les intelligences libres se sont développées et fortifiées.

On est du reste généralement d'accord pour limiter le rôle de l'État, qui doit se borner :

1° A surveiller le fonctionnement et l'application des lois édictées par la société;

2° A assurer l'ordre et la sécurité dans la nation;

3° A veiller à la conservation des biens nationaux;

4° A faire fonctionner avec intelligence l'équilibre des principes sociaux de solidarité et de liberté individuelle.

Lorsque l'État dépasse ces attributions, il se trompe; il entre dans une mauvaise voie; il établit des précédents sur lesquels les idéologues s'appuient pour mettre au monde d'autres erreurs sociales.

Il est du reste facile de constater les mauvais résultats que produisent les entreprises industrielles de l'État; on trouve un peu dans tous les pays des ateliers nationaux. Il est très facile de constater qu'au point de vue financier les résultats sont déplorables. Cela n'est guère contesté, on est obligé de le reconnaître, les chiffres sont là, et ceux qui connaissent le régime des ateliers d'État savent fort bien qu'on y travaille très peu, qu'on s'y occupe beaucoup de politique et que finalement ces ateliers ne sont que des écoles d'anarchistes et de révolutionnaires; ces ateliers n'existent en réalité que pour les besoins électoraux de mauvais aloi et sont contraires à la liberté individuelle et à la solidarité; la liberté individuelle y est détruite par les revendications égalitaires des ouvriers, et la solidarité par l'octroi des faveurs personnelles. Nous avons donc raison de dire que c'est une école d'anarchistes et de révolutionnaires où il n'existe ni hiérarchie ni discipline; les chefs sont obligés d'obéir aux injonctions des pouvoirs syndicalistes.

Non, tous les ateliers nationaux doivent être supprimés, ou au moins être réduits au strict nécessaire des réparations ou pour les études qui incombent au personnel de l'État.

Il y a une école de socialistes qui vise constamment à faire des ateliers d'État. Ces hommes que nous croyons de très bonne foi se trompent et s'exposent à entraîner le pays dans une fausse voie; nous croyons que le plus grand nombre ignore le jeu des lois économiques, et si l'étude de ces lois était plus répandue, on ne verrait pas naître autant de combinaisons utopistes.

Il appartient aux dirigeants de faire répandre par l'instruction et l'éducation les grands principes des lois économiques et sociales, et on arrivera à de bien meilleurs résultats qu'aujourd'hui.

Dans un pays de liberté, il naîtra toujours des combinaisons sociales à base de sentimentalité sans aucun appui scientifique ou raisonné. Il faut se résoudre à vivre avec ces éléments qui paraissent et disparaissent sans laisser de trace, mais à la condition formelle que la grande masse du pays soit assez instruite et assez éduquée pour savoir apprécier la valeur de ces nouveautés. Il est donc là encore indispensable que l'État s'occupe de l'instruction et de l'éducation des masses pour leur inculquer des moyens de défense contre les désorganisateurs de la société, d'autant que bien des fois ces hommes à idées utopistes sont des agents à la solde de l'étranger.

L'État a donc pour mission et pour devoir, nous ne saurions trop le répéter, de veiller à une application intelligente des principes de liberté individuelle et de solidarité; c'est lui qui détient le pouvoir et la responsabilité pour faire jouer en équilibre ces deux principes opposés, et qu'il reste bien pénétré que le pays, où cet équilibre sera le mieux assuré, sera le plus fort.

Pour terminer cet article, nous allons encore analyser un cas douteux d'intervention de l'État; pour le moins, c'est un cas contesté par de grandes autorités. Nous pensons que les principes exposés dans notre étude permettent de solutionner cette question.

Il y a des cas qui se trouvent sur la limite; on hésite à les attribuer à l'État, comme par exemple la défense des terrains en montagne par les plantations forestières.

Il est bien reconnu que pour la circulation des eaux et le développement des produits agricoles l'humidité est indispensable. Sans l'humidité la terre ne produit rien. Il faut protéger le jeu naturel des plantations forestières en montagne qui retiennent l'humidité par leur racinage comme le ferait une éponge, Cette humidité se distribue ensuite par les sources, les ruisseaux et les rivières; il y a donc un intérêt général à protéger les plantations forestières en montagne. Or, dès que l'intérêt général est en jeu, c'est à l'État qu'il incombe de le protéger, mais comment régler cette intervention?

Les terrains en montagne sont possédés par l'Etat, par les communes et par les particuliers. Pour les parties domaniales possédées par l'État, il n'y a rien à faire. L'État n'a qu'à veiller à la conservation de son domaine; mais pour les parties possédées par les communes et les particuliers c'est autre chose : on se heurte à des difficultés nombreuses pour le reboisement.

Les communes et les particuliers ne peuvent avoir une mission d'intérêt général à moins d'indemnités, et alors on a édicté des règles sanctionnées par plusieurs lois, mais malgré cela les difficultés persistent et la replantation forestière en montagne traîne en longueur; la lutte avec l'industrie pastorale continue; on brûle les jeunes plantations forestières pour les transformer en pâturages; ceux-ci sont ensuite détruits par lavages, finalement il ne reste que des montagnes nues et stériles qui se désagrègent avec les gelées et les pluies.

Pour obvier à toutes ces difficultés, des hommes éminents conseillent l'expropriation générale des terrains de montagne et leur attribution au domaine national; mais d'autres spécialistes non moins éminents soutiennent qu'il ne faut pas d'étatisme dans cette affaire et, pour soutenir leur thèse, ils se basent sur les arguments que nous avons nous-même déjà exposés; sans doute, il faut éviter de charger l'État de missions qui peuvent se solutionner sans lui, mais, dans l'espèce, nous croyons que c'est l'État seul qui peut assurer la défense des montagnes.

En effet, ce travail est d'intérêt général; il intéresse tout le pays. Une rivière, dont la vie est troublée par la déforestation, porte un préjudice à tous les habitants établis dans le bassin de cette rivière; les effets de la déforestation se font sentir jusqu'à l'embouchure des cours d'eau, car avec la déforestation les pluies entraînent les terres qui vont combler les rivières jusque dans leurs embouchures et rendent la navigation impossible; puis dans les montagnes sans forêt les eaux pluviales descendent en trombes, produisent des inondations, et peu de temps après ces rivières n'ont plus d'eau, car sans forêts il n'y a plus de sources; il est donc indéniable que le reboisement est une entreprise d'intérêt général qui ne peut être imposée à un particulier, et pourtant, jusqu'à maintenant, la législation a toujours cherché dans cette voie; il est vrai de dire que la prise de possession par l'État a été essayée et a donné lieu à des difficultés.

Il n'est pas étonnant qu'une transformation de cette nature, qui se heurte à des usages pastoraux séculaires, éprouve des difficultés de toute espèce, mais ces difficultés ne condamnent pas le principe, et, en principe, ceci représente une entreprise d'intérêt général qui incombe forcément à l'État.

Personne ne discute sur ce que les rivières navigables sont domaniales; elles ne l'étaient pas toujours. C'est un édit royal de 1566 qui les a rendues domaniales. Cette question de propriété domaniale est traitée à fond dans l'ouvrage de M. Ducrocq, professeur de droit administratif; les principes exposés par ce juriste permettent de ranger les terrains de montagne dans la propriété domaniale au même titre que les rivages de la mer et les terrains de servitude des fortifications; les terrains en montagne ont à remplir une mission d'intérêt général absolument comme les rivières navigables, si leur possession était partagée avec des particuliers.

Il est probable que, après la prise de possession des rivières navigables par l'État on s'est aussi heurté à des difficultés qu'il a fallu surmonter; aussi, pour la question des montagnes, il ne faut pas s'étonner des résistances rencontrées; l'État aura pour devoir d'agir avec prudence et avec douceur, mais de rester persévérant. Nous estimons que, par la force des choses, les terrains en montagne ne peuvent être que domaniaux.

Il ne résulte pas de là que l'industrie pastorale sera supprimée; tout au contraire, avec la replantation forestière, on aura de riches pâturages; seulement, ces pâturages seront à leur place naturelle dans de riches vallées, abritées et humidifiées par les plantations forestières. Nous pensons que ce cas douteux des fonctions de l'État se trouve résolu par l'attribution à l'État des terrains en montagne.

Nous pouvons maintenant conclure que l'État doit s'abstenir de toute entreprise qui peut être confiée à l'individu ou à une association d'individus; son rôle sera limité aux organisations d'intérêt général que seul il peut faire fonctionner. L'individu travaille pour lui et pour son bénéfice, moyennant quoi la lutte pour la vie peut s'exercer; tout au contraire, on ne peut demander à l'individu de travailler pour la société dans un intérêt général.

Ce principe a du reste déjà de très nombreux partisans, il y a fort peu d'intellectuels qui ne soient pas d'accord sur ce point. Par conséquent, l'application absolue de ce principe ne trouvera pas de contradicteurs sérieux. Il est vrai qu'il faut, pour ces questions, compter avec des autorités qui ont le pouvoir et qui ne possèdent pas les éléments et les principes économiques qui régissent ces matières; mais si l'on adoptait les solutions que nous indiquons dans les chapitres ultérieurs, on arriverait à corriger cette incompétence et à obtenir des assemblées mieux qualifiées pour la solution de ces grands problèmes.

CHAPITRE V

L'ÉGLISE

L'Église est notre principale organisation sociale. C'est l'Église qui a fait la France en établissant la solidarité par la foi. Elle a raison de dire que la France est la fille aînée de l'Église; c'est en effet avec l'aide de la foi que l'unité française a été fondée. Il ne faut donc pas s'étonner que l'Église ait toujours conservé une grande influence et qu'elle ait été habituée de longue date à l'exercer.

Elle avait la conviction profonde que la constitution de la France était son œuvre et, étant l'auteur indiscutable de cette création, elle a toujours entendu la défendre et se jugeait mieux en situation que qui que ce soit pour décider de la marche à imposer à ce pays.

C'est même cette conviction profonde qu'elle était bien l'auteur de l'unité française, que par conséquent elle avait seule le moyen d'apprécier ce qu'il convient de faire, qui lui a valu son intransigeance dans beaucoup de cas. Elle disait : ceci est mon œuvre, je sais les sacrifices que cela a exigés, je sais le travail que, pendant plusieurs générations, nous avons consacré à cette œuvre, eh bien, notre entreprise a réussi, la preuve est faite, donc vous n'avez pas à nous corriger, et, lorsque l'esprit libéral a commencé à battre en brèche le dogme, elle a cru pouvoir s'autoriser à employer même la violence pour défendre son œuvre.

Nous n'avons pas à analyser le côté religieux de cette question, disons seulement que l'Église a trouvé le moyen d'obtenir la solidarité par le principe religieux; elle a cela de commun avec toutes les organisations religieuses qui l'ont précédée et dont beaucoup existent encore dans d'autres pays. Ce n'était pas un principe nouveau. La plupart des peuples de l'antiquité avaient basé leur solidarité sur la foi religieuse et ont fait de cela leur organisation sociale, mais toutes les solidarités obtenues par le dogme ont le grand défaut de supprimer la liberté individuelle. C'est pourquoi aucune de ces combinaisons religieuses n'a l'avenir assuré. Il faut nécessairement que la liberté individuelle existe en même temps que la solidarité, si l'on veut que la société vive, progresse en même temps que l'individu; jusqu'à maintenant aucune constitution sociale basée sur la solidarité par la foi religieuse n'a pu prendre le dessus; on voit au contraire les sociétés à liberté individuelle monter et devenir dominantes.

Sans doute, on pousse déjà à l'excès la liberté individuelle au détriment de la solidarité, mais il faut reconnaître que cette nouvelle organisation sociale est encore jeune, que les principes sociaux sont encore peu connus, et que nous sommes dans la période de transformations.

Il n'est pas nécessaire pour les nouvelles organisations sociales que la solidarité par la foi disparaisse; cette solidarité peut s'établir avec la foi, mais en laissant coexister la liberté individuelle. Il faut même retenir que dans ces nouvelles organisations sociales on exagère l'individualisme au détriment de la solidarité. Ce serait donc une grosse faute de chercher à supprimer la foi, il convient au contraire de la traiter avec bienveillance et respect, et de bien se pénétrer que, pour obtenir la solidarité dans une grande société, il faut vivre en bonne harmonie avec toutes les croyances religieuses; c'est là le plus grand et l'indispensable principe de liberté qui doit planer au-dessus de toutes les constitutions sociales.

Nous savons bien que cette harmonie entre tous les éléments d'une société est difficile à obtenir; c'est un rude problème, mais bien certainement avec des hommes supérieurs, sachant s'élever au-dessus des discussions courantes, sachant apprécier d'abord les services rendus par l'Église à l'humanité et ceux qu'elle peut rendre encore, il n'est pas douteux que ces hommes pourront trouver des solutions qui permettront de réunir sous une même formule tous les éléments sociaux du pays en apprenant à chacun le respect de la liberté d'autrui. Ce sera une belle tâche, une grande tâche. Ceux qui sauront l'assurer avec intelligence pourront arrêter la dégénérescence que l'on constate tous les jours.

Nous ne mettons en ligne dans cette étude sociale que l'Église catholique; nous ne nous occupons pas des autres, notre but n'étant pas de faire des études religieuses et de nous prononcer sur la valeur des différentes Églises; mais nous prenons l'Église catholique parce qu'elle a une longue histoire, que par suite elle offre des données de faits sur lesquelles on peut appuyer des déductions précises; au surplus, comme nous n'étudions la question Église qu'au point de vue social, notre étude peut s'appliquer à toutes les Églises. Il faut toutefois retenir que l'avenir appartiendra à l'Église qui saura le mieux adapter le dogme avec les principes sociaux que nous énonçons.

Les personnes qui voudront étudier l'harmonie possible des principes sociaux avec les croyances religieuses devront tenir compte : que l'unité de temps pour la vie sociale n'est pas l'année; cette unité convient aux choses humaines et à la vie de l'homme, tandis que la vie sociale a pour unité de temps une génération d'hommes. L'homme n'a guère d'action sociale que pendant une vingtaine d'années qui vont de trente à cinquante ans. Il ne faut donc compter que cinq années sociales dans un siècle.

On peut constater tous les jours que les transformations sociales marchent très lentement; chaque génération apporte son contingent de réformes plus ou moins heureuses. Cette génération arrive à l'action avec les idées qu'on lui a inculquées; l'application de ces idées amène souvent des résultats inattendus, et lorsque ces générations constatent plus tard qu'elles se sont trompées, le correctif ne s'applique qu'aux générations suivantes, parce qu'on leur apprend les mauvais résultats donnés par une innovation qu'on croyait infaillible, et c'est la future génération qui essaiera les correctifs. Voilà le jeu habituel des grandes transformations sociales. C'est par cette raison que nous estimons la durée de l'année sociale à vingt années.

L'Église rencontre auprès des générations nouvelles une grande hostilité qui est très fâcheuse pour l'avenir social du pays et qui est un très grand obstacle pour l'établissement de la solidarité.

Sans doute, les pratiques religieuses sont loin de donner satisfaction à toute la population; les intellectuels surtout estiment que l'Église ne recherche en toutes choses que le développement de son influence;

cette hostilité latente est bien difficile à calmer. Tout au contraire, dans l'état de choses actuel, cette hostilité ne peut qu'empirer, et pourtant la vie sociale et l'harmonie de la solidarité ne pourront vivre et se développer que si cette hostilité disparaît.

Il faut nécessairement que l'Église d'abord arrive à faire tomber cette arme de combat. Il est désirable qu'elle arrive à convaincre tous les intellectuels que son but n'est pas la domination et qu'elle arrive, par ses actes, à prouver à l'élément intellectuel qu'elle entend continuer l'œuvre du Christ, en ne s'appuyant que sur la bonté et le dévouement; que l'action moralisatrice du prêtre s'imposera non par une autorité ou un correctif quelconques, mais uniquement par un sublime dévouement poussé jusqu'au sacrifice; ainsi comprise, la mission du prêtre ne rencontrera plus aucun ennemi ni même un adversaire; tout être humain, quelle que soit sa conception religieuse, lors même qu'il n'aurait qu'une demi-civilisation, sera obligé de saluer avec respect cet homme de bien; le jour où ce résultat sera acquis, nous assisterons à la transformation sociale du monde.

Du côté des intellectuels, on voit des hommes de valeur indiscutable se rallier au dogme. Ils n'arrivent pas à ce résultat d'un coup; c'est l'étude qui les conduit à ce résultat. Nous laissons de côté les intérêts individuels, pour lesquels l'Église n'est qu'une grosse caisse à l'effet d'inviter le public à passer à la petite caisse; de cela, nous ne nous occuperons pas.

Il y a une autre catégorie d'intellectuels qui est sincère et qui s'est rangée aux solutions indiquées par l'Église.

Ces hommes à haute intelligence ont cherché à

creuser le pourquoi de l'existence; ils ont été amenés par le raisonnement à envisager la destinée humaine et se sont heurtés à des profondeurs et à des étendues insondables. Sans doute, ils ont pu conclure que la vie humaine n'est qu'un atome de la puissance créatrice, qui retourne à sa source après la mort de l'homme; mais après on retombe dans l'immense inconnu et on constate avec désespoir que le cerveau humain ne peut dépasser certaines limites où le créateur l'a enfermé.

Devant l'inutilité de ses efforts, cet homme finit par se ranger aux données de l'Église, non pour les utiliser par lui, mais pour reconnaître qu'au point de vue social, c'est encore la meilleure des solutions. Il est d'autant plus heureux de se ranger à cette solution qu'il n'ignore pas que la morale religieuse est la base de la vie de famille de l'immense majorité des habitants de la France, que jusqu'à maintenant on n'a rien trouvé qui puisse convenablement remplacer la morale religieuse des familles. On constate au contraire, surtout dans les villes, que la perte de cette morale dans les familles populaires a de grosses conséquences, qui alors produisent un mal immense que les dirigeants ont pour devoir d'arrêter.

Nous avons mis en présence les sociétés religieuses et les sociétés intellectuelles; nous avons montré qu'il existe un lien commun entre ces deux grands éléments sociaux. Puisse à la faveur de ce facteur se produire une entente pour l'organisation sociale de la solidarité! Nous formulons ce vœu de grand cœur et faisons appel à tous les dévouements des hommes supérieurs pour faire aboutir cette grave solution.

CHAPITRE VI

SUFFRAGE UNIVERSEL

Le suffrage universel est une malheureuse conception qui est venue au monde avant son heure. C'est encore un de ces produits, mal étudiés, forgés par des idéologues qui n'ont envisagé qu'un côté du problème.

Quand on pense qu'une société basée sur le suffrage universel est exposée aux plus terribles surprises, on se demande comment cette institution n'est pas modifiée depuis longtemps.

Il est indéniable que nos masses électorales en France ne comprennent pas un mot de l'intérêt général du pays et de la société, que pourtant elles ont pour mission de solutionner; alors tous ces électeurs se retranchent derrière leur intérêt personnel immédiat. Que celui-ci soit satisfait et ils sont heureux. Ils ne voient pas que ces satisfactions et ces services personnels sont presque toujours délivrés au détriment de l'intérêt général, dont du reste ils n'ont aucun souci; mais à la longue, à force de sacrifier l'intérêt général qui leur est inconnu, le pays finit par souffrir, les services publics se désorganisent, les fonctionnaires se révoltent, on forme des syndicats qui rançonnent le budget de l'État, le budget finit par succomber à son tour, car tout a une limite, et, à force de creuser, on fait un trou qui grandit toujours. Cet état de choses hâte la dégénérescence de la nation, grossit l'individualisme et l'égoïsme personnel et finit par conduire le pays à l'anarchie et à la destruction.

On ne sait pas la profondeur de la désorganisation sociale qui est née du suffrage universel. Nous allons donner un exemple qui permettra de mettre le doigt sur la plaie et d'envisager l'étendue du mal.

Dans les communes rurales, les ressources des bureaux de bienfaisance sont à la disposition du maire ou d'un délégué préfectoral. Ce personnage représente à peu près toujours l'agent électoral de la commune, et alors tous les revenus du bureau de bienfaisance, y compris les suppléments votés par les communes, s'en vont à un groupe d'électeurs peu respectables. Il y a surtout dans ce groupe les pirates des forêts et des rivières. Ce sont eux qui montent sur les tables en période électorale et auxquels les agents de l'autorité se gardent bien de toucher, lors même qu'ils les surprendraient en flagrant délit; ils s'arrangent toujours pour ne pas les rencontrer. Il y a d'autres catégories d'assistés, tout aussi peu intéressantes; il arrive souvent que le maire ou le délégué du préfet tient auberge; dans ce cas, la réunion mensuelle des assistés se fait dans l'auberge, et la plus grande partie de l'argent des secours distribués passe dans la caisse du débitant.

Dans les villes, on met un peu plus de forme, mais au fond c'est pire. Il y a d'ordinaire plusieurs bureaux de bienfaisance dont un officiel qui fonctionne à la mairie et un ou plusieurs bureaux d'assistance privée. Ces deux institutions se font concurrence. Les bureaux privés fonctionnent en dehors des bureaux officiels parce qu'ils prétendent que les bureaux officiels ne sont que des agences électorales. Par conséquent, le fait que nous signalons est déjà reconnu, mais ce qu'il y a de surprenant, c'est que les bureaux privés qui blâment les bureaux officiels et les accusent de préférence électorale ont eux-mêmes ce défaut; seulement, cela se passe autrement que dans les communes rurales.

Dans toutes les grandes villes, il y a toujours un stock d'ouvriers qui préfèrent l'auberge au chantier. Ces ouvriers travaillent à peu près la moitié du temps; de loin en loin ils vont solliciter des secours à l'un des bureaux d'assistance; ces secours, ajoutés à ce qu'ils gagnent, passent presque totalement à l'auberge.

La femme et les enfants vivent sur le budget des bureaux d'assistance; suivant le cas, ils s'adressent à l'un des bureaux, mais presque toujours aux deux; nous savons bien que ces familles sont contrôlées par des dames avec un admirable dévouement, mais elles ne se doutent guère comment on trompe leur bonne foi.

L'ouvrier d'auberge ne va prendre son travail que dans le courant de la semaine; lorsqu'il se présente, le patron l'interroge et l'homme répond : « J'étais malade. » Le patron sait bien ce qui se passe, mais il se garde de redresser ce petit mensonge, car en acceptant cet ouvrier irrégulier dans son travail, il le paie moins que les autres, et alors lorsque ces candides dames ont à assister une famille, elles viennent s'informer auprès du patron. Celui-ci répond : « Oui, c'est un bon ouvrier, mais il est souvent malade. » Et voilà notre ivrogne bien noté.

Sans doute, cela ne se passe pas toujours régulièrement comme nous l'indiquons, mais avec quelques variantes on a la physionomie des bureaux d'assistance.

Eh bien! on doit ces résultats malheureux au suffrage universel, et alors, non seulement ces hommes ne constituent aucun élément social devant collaborer à l'intérêt général du pays, mais encore c'est là une honteuse et indigne démoralisation des masses populaires; qu'on envisage donc ce que peuvent devenir les enfants élevés dans ces conditions et procréés par des alcooliques. Il ne peut être douteux que c'est là la plus méprisable école du vice; c'est cette école qui contribue à former l'écume des grandes villes, et c'est la bienfaisance, c'est la générosité des bons cœurs qui sert, non pas à assister les veuves et les orphelins, mais à soutenir et à développer l'école de l'immoralité, de l'alcoolisme, du vice et des crimes.

Et l'on viendra, avec une coupable et inintelligente sentimentalité, soutenir que ces gens doivent être électeurs! Eh bien! non, le mal est trop grand, la société est trop coupable pour tolérer plus longtemps une pareille démoralisation; il faut arrêter vite cette décomposition et rayer tous les assistés de la liste électorale; c'est le seul moyen pour ramener aux vrais pauvres le dévouement et les sacrifices que s'imposent des cœurs généreux.

Nous n'avons envisagé là que l'une des conséquences du suffrage universel, mais enfin on peut obtenir là une amélioration appréciable.

Nous savons bien que dans les sphères dirigeantes on connaît tout le danger auquel un pays s'expose avec le suffrage populaire; le mal est connu, mais le remède est difficile.

Il n'est pas nécessaire d'insister outre mesure sur les défauts de notre suffrage universel; cela est tellement reconnu qu'on n'a jamais osé faire jouer le plébiscite. On sait quelles conséquences malheureuses pourraient en résulter pour le pays; cet aveu, à lui seul, peut servir de démonstration.

En effet, c'est une de ces institutions qu'il est très difficile de corriger; tous les correctifs doivent s'introduire avec beaucoup de prudence : il faut d'abord savoir sur quels principes on peut baser une retouche et, une fois le but bien établi, on s'acheminera par étapes.

Il convient de partir d'abord de ce principe que le suffrage est l'exercice d'un droit; or, tout droit entraîne des devoirs, l'un ne peut exister sans l'autre, et alors pourquoi ne pas mesurer l'étendue du droit avec l'étendue du devoir? Il y aurait là un principe de haute justice à instituer. Le tout est de bien établir comment on peut doser le devoir.

L'ensemble des devoirs ne peut guère se traduire dans le suffrage que par le vote multiple; ce vote multiple existe déjà, mais il est basé sur la quantité d'impôts, ce qui ne représente pas du tout le devoir social; il faut chercher dans une autre voie.

En France nous avons le service militaire généralisé; on peut donc attribuer un vote supplémentaire aux hommes qui ont accompli effectivement leur service militaire.

Ensuite le droit de vote ne doit commencer qu'à vingt-cinq ans et après le service militaire; il faut faire cesser cette injustice actuelle qui laisse le vote aux réformés et qui en prive ceux qui remplissent leur devoir militaire; il y a là anomalie qu'il faut faire disparaître.

Enfin les pères de famille qui élèvent eux-mêmes plusieurs enfants remplissent mieux leurs devoirs sociaux que les célibataires qui, trop souvent, ne sont que d'égoïstes jouisseurs; il serait donc juste d'attribuer un vote supplémentaire aux pères de famille ayant au moins trois enfants.

Enfin on ne voit pas la nécessité de priver les officiers du vote; maintenant que nous avons une armée nationale et non une armée prétorienne, il n'y a plus de raisons d'exclure les officiers du vote; il y a là une catégorie de votes intelligents dont on aurait tort de se priver.

Nous avons ensuite beaucoup d'hommes qui remplissent pendant des années des fonctions publiques gratuites; ceux-là aussi accomplissent largement leur devoir et doivent aussi bénéficier d'un vote supplémentaire.

Enfin, dans les intellectuels, on trouve aussi des catégories qui rendent de grands services à la société; on peut trouver dans cette catégorie beaucoup de situations très méritoires que nous ne signalons pas en détail; nous énonçons le principe, nous ouvrons le chemin de la justice et de l'équité en donnant à chaque citoyen un droit égal à ses devoirs, au moins dans la mesure où l'application pratique est possible.

La question des circonscriptions électorales ne peut guère rentrer dans cette étude; il faut là des considérations de fait toutes spéciales. On ne pourra peut-être pas trancher ces questions d'un coup; néanmoins, il faut reconnaître que l'organisation actuelle est défectueuse et doit être corrigée.

Il y aurait encore beaucoup d'imperfections du suffrage universel à signaler et à corriger; nous allons en analyser une qui est une vraie plaie sociale.

Il y a une catégorie d'hommes politiques sans scrupules et sans dignité qui se servent des électeurs comme marchepied et ne visent qu'à faire fortune aux dépens des intérêts publics; on qualifie ces hommes d'arrivistes. Pour cette catégorie de citoyens, les honnêtes gens ne sont que des imbéciles dont on se joue; ces hommes sont obligés de gagner des concours et, comme d'ordinaire ces arrivistes sont sans antécédents sérieux et sans valeur personnelle, ils s'entourent d'adhérents qu'ils rétribuent, après réussite, aux dépens des intérêts généraux du pays; le plus souvent, ces collaborateurs sont récompensés par des fonctions publiques. Lorsqu'une fournée de cette catégorie arrive au pouvoir, il faut faire de la place ; on déplace, on met à la retraite les occupants, c'est la théorie de chacun son tour; il résulte de ces bouleversements des haines terribles. Il n'est pas étonnant qu'avec ces procédés nos fonctionnaires deviennent des révolutionnaires; on les sacrifie sans scrupules pour faire place aux autres et, lorsque les nouveaux perdent à leur tour leur protecteur, on les culbute comme on a culbuté leurs prédécesseurs.

Des agissements de cette nature constituent une plaie sociale excessivement dangereuse et démoralisatrice; ce ne sont plus les services rendus au pays qui sont récompensés; de ces services on ne tient aucun compte, le service électoral entre seul en ligne de compte.

Comment veut-on que la solidarité puisse se greffer sur des masses semblables, cela est impossible; tout au contraire, c'est l'individualisme et l'égoïsme qui prennent le dessus et favorisent d'autant la dégénérescence du pays.

Les lois qui produisent de pareils résultats doivent être immédiatement modifiées; pour le cas qui nous occupe le remède est facile, il suffit d'augmenter l'âge de l'éligibilité et de le porter à cinquante ans. A cet âge un homme a un passé qui peut le faire apprécier. C'est déjà beaucoup, car l'homme qui a su mener une vie correcte jusqu'à cinquante ans ne se soucie pas de compromettre ce passé. Il apportera donc dans la vie publique des scrupules et de la dignité; on a toutes les chances de faire de bonnes recrues à cet âge.

Ah! nous connaissons l'objection; on nous dit: « Avec votre système vous écarterez les hommes de valeur », et on cite quelques grands tribuns.

Nous répondrons que ces hommes ne sont pas écartés, ils sont simplement retardés ou ajournés dans leur arrivée à la vie publique, et s'ils arrivent plus tard, ce sera non seulement avec une haute intelligence, mais encore avec l'expérience indispensable à la grande responsabilité des dirigeants.

Et puis faisons un peu le calcul des hommes de valeur qui sont écartés des fonctions publiques par les arrivistes. Il y a là pour le pays une perte considérable, d'autant plus fâcheuse que ce sont précisément les hommes à grande valeur intellectuelle qui se soucient le moins d'entrer en lutte avec des hommes sans scrupules et sans dignité. Il n'est pas étonnant que nos assemblées manquent précisément d'hommes expérimentés, dont le besoin se fait si grandement sentir. Ces hommes, évidemment, n'ont pas la docilité des arrivistes; ces hommes ont de la volonté avec laquelle il faut compter, mais qui rendraient d'immenses services au pays, si l'on tient compte de ces éléments. On verra que l'intérêt général du pays aurait un immense avantage à ce que notre remède fût adopté.

Des intellectuels éminents nous ont prévenus depuis longtemps que l'établissement du suffrage universel était une grosse faute. Ils disent que jamais nous ne ferons venir la lumière d'en bas; ils ont raison : la lumière n'existant pas en bas, il est donc impossible de la faire monter.

Il y a quelque temps, les organisations militantes catholiques ont voulu instaurer la suprématie populaire. Ils comptaient se procurer ainsi de nombreux adhérents, mais le Saint-Père, qui est entouré d'hommes d'une haute valeur intellectuelle connaissant à fond la nature humaine, a arrêté dès le début cette entreprise. Il entend conserver la hiérarchie organisée par l'Église : chacun à sa place, et il a raison.

Nous savons bien que, pour beaucoup d'hommes supérieurs, notre démonstration est superflue. Nous devions la faire quand même, afin de présenter le problème avec toutes ses données, et nous croyons que la plus sage des solutions est d'abord le vote multiple, ensuite la suppression de l'arriviste et l'installation d'un scrutin de liste très étendu.

CHAPITRE VII

L'INSTRUCTION

L'instruction du peuple s'impose par le principe de solidarité d'abord; ce principe veut que les favorisés de l'intelligence cherchent à instruire le peuple et à le mettre en situation de comprendre les intérêts généraux du pays et à collaborer dans une certaine mesure à la vie nationale.

Beaucoup d'hommes se sont rangés à cette idée, en ne se guidant que sur le bon sens et sur leurs sentiments; mais en plus de cela, la solidarité en fait une obligation sociale. Il ne peut être douteux que les lois de la solidarité ont surtout pour but d'assister les plus faibles et de les aider dans la lutte pour la vie, et l'instruction est un moyen de mieux soutenir la lutte pour la vie.

Il y a encore une obligation plus décisive pour la société à instruire le peuple; cette obligation résulte des lois économiques, qui nous apprennent que les ouvriers instruits sont plus capables, toutes choses égales, que les ouvriers sans aucune instruction; tout concorde donc à développer l'instruction populaire.

Il s'est bien rencontré des opposants aux lois de diffusion de l'instruction, mais on doit bien reconnaître que toutes les organisations humaines sont éternellement perfectibles. La critique sera donc toujours permise; il leur appartient non seulement de critiquer, mais encore de préconiser des solutions meilleures.

On peut fort bien soutenir qu'on enseigne au peuple presque exclusivement des droits et qu'on lui parle fort peu de ses devoirs; du reste l'enseignement des devoirs ne peut guère se faire que par l'éducation à donner aux jeunes gens de treize à vingt ans. Or, cette éducation fait presque totalement défaut; de ce côté, tout reste à faire.

Mais après ces améliorations, d'autres nécessités se feront jour; c'est le jeu de la vie sociale. Il appartient à chaque génération d'apporter son contingent de progrès.

C'est ce mouvement continu des améliorations de la vie sociale qui fait naître tous les jours une foule de systèmes dans lesquels les meilleures intelligences finissent par s'égarer; aussi, pour retrouver sa route, il n'y a qu'à voir le but et se dire que trois principes seuls règlent la vie sociale et qu'il faut toujours viser à se conformer à ces principes, et l'on retrouvera toujours son chemin; pour l'organisation de l'instruction, c'est la solidarité qui doit jouer en plein. Le tout est d'organiser cette instruction et cette éducation avec le plus d'intelligence possible.

L'instruction est une de nos grandes organisations sociales; cette institution répond dans une large mesure aux nécessités de la société. Aussi n'aurons-nous à formuler dans cette étude que des critiques sur la désorganisation de ce grand service.

Des hommes d'action admettent que l'école publique n'est pas assez protégée contre la concurrence des écoles libres et ils travaillent à obtenir des lois contre la liberté de l'enseignement en vue de la protection des écoles publiques. Nous estimons que ces hommes sont dans la plus complète erreur et, s'ils pouvaient tenir compte des critiques que nous allons formuler et des améliorations possibles de l'enseignement public, ils verraient que le fonctionnement de ces écoles n'a besoin d'aucune protection et qu'elles se défendent toutes seules par leur valeur.

En effet, les exemples ne manquent pas; dans beaucoup de communes où existent les deux enseignements, nous avons pu constater que, lorsque l'école publique est bien tenue, qu'elle a de bons maîtres, les écoles libres n'ont qu'un très petit nombre d'élèves dans leurs écoles. Cette concurrence n'est donc pas redoutable et elle ne se fait sentir que dans les communes où les écoles sont mal tenues, dirigées par des maîtres à principes communistes; il va de soi que les familles s'éloignent de ces écoles autant que possible, et on ne peut songer à réagir contre ces familles pour leur imposer une école qui ne leur convient pas. Non, ce côté de la question ne doit pas préoccuper; il faut laisser exister la liberté d'enseignement et faire de bonnes écoles publiques avec de bons maîtres, et les familles ne demanderont pas mieux que de confier leurs enfants aux écoles publiques en très grande majorité.

Ceci établi, occupons-nous maintenant de ces écoles publiques.

Nous devons d'abord appeler l'attention sur la situation morale de l'instituteur dans les campagnes.

L'instituteur des communes rurales est presque toujours secrétaire de mairie et grand agent électoral; ce sont surtout ces deux fonctions qui l'absorbent. La tenue de l'école passe au second plan.

Dans nos communes rurales, il y a toujours deux

camps politiques qui se font une lutte acharnée. Le secrétaire de mairie est obligé de tenir le camp du maire; par conséquent, il a contre lui une grande partie de la population. Ceci est déjà une très mauvaise situation pour l'instituteur, qui devrait être au-dessus et en dehors des partis de façon à pouvoir faire son enseignement avec la plus indiscutable neutralité; or, sa situation dans l'un des partis politiques lui vaut des adversaires qu'il ne devrait pas avoir.

Mais, outre le parti du maire, il y a dans chaque commune des agents électoraux militants qui n'ont pas toujours une grande valeur morale; tout au contraire, ce sont très souvent des hommes tarés que l'on craint et que l'on méprise. Eh bien! le pauvre instituteur est obligé de se bien tenir avec ce monde-là; aussi sa dignité en souffre malgré lui. Cet état de choses lui fait perdre la considération de beaucoup de familles; c'est encore une grande cause d'échec pour l'école publique; à peu près tous nos hommes politiques connaissent la fausse situation de nos instituteurs dont on a fait des agents électoraux. Mais on ne sait pas jusqu'où de malheureux fonctionnaires doivent descendre pour remplir leurs fonctions électorales, et nous nous garderons bien d'appuyer sur cette déplorable situation, contentons-nous de conclure.

La fausse situation des instituteurs est connue, mais on a besoin d'eux pour les services électoraux. Même les préfets vous diront : si vous nous enlevez ces hommes, nous n'aurons plus personne dans les communes. Eh bien! cette raison n'est pas suffisante. Qu'on donne au préfet un délégué officiel, que ce soit le maire ou un conseiller municipal, peu importe, mais qu'on lui fournisse un délégué, cela est nécessaire, et qu'on prenne ce délégué parmi les élus, et tout sera en règle, et l'instituteur restera dans son école. Il nous semble que le correctif que nous proposons peut s'admettre. On comprend la nécessité d'un délégué du préfet. En le prenant parmi les élus, on donne satisfaction à tout ce que cette solution peut exiger.

Il y a là un premier point réglé, et ce règlement s'impose impérieusement. Nous verrons plus loin qu'on doit demander à l'instituteur non seulement l'instruction, mais aussi l'éducation de la jeunesse; que par conséquent il doit être libre de tout autre service public, et ne s'attacher qu'à l'instruction et à l'éducation des enfants.

Il y a encore les bâtiments scolaires. Or, bien rares sont les communes où ces constructions remplissent toutes les conditions d'hygiène désirables.

En principe, une maison d'école doit se trouver dans un enclos; il faut que les enfants soient à l'abri des accidents de la route. Lorsque les familles conduisent leurs enfants à l'école, il est nécessaire qu'elles soient rassurées sur le sort de leurs enfants.

Actuellement le plus grand nombre de nos écoles publiques sont en bordure des routes et, la classe finie, les enfants se répandent sur la voie publique, où ils sont victimes d'accidents. Or, il n'existe pas une école libre sans enclos. Cette raison à elle seule est déjà un motif de préférence pour les familles à l'égard des écoles libres.

Non seulement il faut un enclos, mais encore cet enclos doit contenir une vaste cour intérieure avec quelques ombrages, et le bâtiment de l'école doit être isolé du bâtiment d'habitation de l'instituteur.

L'Administration universitaire devrait faire établir

des types d'école suivant l'importance des communes et exiger d'une façon absolue que les prises de jour soient au nord plutôt qu'au midi et de façon que ce jour vienne latéralement et non en face. A voir les dispositions de nos écoles, on doit admettre qu'aucune règle n'est imposée aux architectes et que ces messieurs disposent l'école en raison des petits coins de terre qu'on met à leur disposition; presque tous les locaux des écoles publiques sont plus mal installés que ceux des écoles libres. Voilà des questions dont il faudrait s'occuper plutôt que d'envisager la suppression de la liberté d'enseignement.

En conclusion, soit pour les maîtres, soit pour les locaux, il y a fort à faire et cet effort s'impose d'une façon tout à fait impérieuse. Dans un pays de suffrage universel, où les masses populaires sont désorientées par le manque d'instruction et d'éducation, il n'y a pas de problème plus urgent à résoudre. C'est une question de vie ou de mort pour le pays. Beaucoup d'intellectuels le savent; espérons qu'ils se joindront à nous pour jeter le cri d'alarme et qu'ils obtiendront pour cette solution le concours de toutes les forces du pays. Tous ces hommes n'ignorent pas que dans un pays de suffrage universel le plus redoutable ennemi de la vie nationale, c'est l'ignorance.

Le chapitre Instruction nécessiterait encore bien des développements; ainsi, par exemple, il est indispensable de donner beaucoup plus d'enseignements techniques à partir des écoles primaires supérieures. Nous savons qu'on cherche à entrer dans cette voie, mais les efforts faits dans ce sens sont de beaucoup insuffisants. Cette question, comme d'autres du même genre, intéresse plus particulièrement la diffusion de l'instruction plutôt que la question sociale; aussi allons-nous nous renfermer dans cette dernière.

ÉDUCATION

Les enfants reçoivent l'instruction jusqu'à treize ans; un très petit nombre de familles dépassent l'instruction primaire. Les enfants qui quittent l'école à treize ans sont presque tous incorporés dans l'industrie et l'agriculture; nous allons d'abord nous occuper des enfants d'ouvriers, c'est la catégorie la plus intéressante, celle où il y a le plus à faire.

Le petit ouvrier prend le travail à treize ans, et à quinze ans il commence à se suffire. C'est alors que commence l'âge dangereux pour ces enfants. De quinze à seize ans, le jeune ouvrier se rend indépendant de sa famille; sa famille n'a plus qu'une action réduite sur sa conduite. C'est alors l'aubergiste qui devient le grand éducateur de la jeunesse, et l'alcool complète le rôle de l'aubergiste.

On sait que la nature humaine est plus disposée au mal qu'au bien. On suppose que c'est un effet d'atavisme dû à notre origine. En tout cas, il est indéniable qu'un jeune homme sans instruction ni éducation absorbe plus facilement les idées de révolte contre la société que lui servent une foule d'écrits. Ces jeunes gens sont désarmés contre ces éléments destructeurs. N'ayant aucune connaissance des principes sociaux rationnels, ils absorbent ce qu'on leur présente, et souvent, hélas! ces malheureux perdent tout leur avenir et traînent pendant toute leur existence les conséquences de leurs fautes de jeunesse dont pourtant ils n'ont qu'une responsabilité fort limitée. On ne leur a donné aucune éducation; ils ont adopté la mauvaise nourriture morale qu'on leur a servie.

Il y a longtemps que l'Église a vu le mal, et qu'elle a considéré comme un devoir de se consacrer à l'éducation de cette jeunesse abandonnée. Elle a commencé par les cercles catholiques, puis par les patronages. Aujourd'hui l'Église s'occupe d'un très grand nombre de ces organisations. Il faut lui savoir gré de cette œuvre civilisatrice, qui est fortement appréciée par les familles ouvrières. Ces familles sentent toute l'étendue des services qu'on leur rend.

Tous les hommes de cœur doivent savoir gré à l'Église de se dévouer ainsi à cette organisation sociale et l'aider dans son œuvre, car c'est un grand service rendu à la civilisation et à notre organisation sociale.

Comme toujours, les adversaires de l'Église voudraient l'empêcher d'accomplir sa mission moralisatrice et comme toujours ces mêmes hommes sont très forts pour s'occuper de destruction et absolument nuls pour la création, car enfin la nécessité de cette éducation populaire ne date pas d'aujourd'hui. Il y a longtemps que ce besoin est né. Il y a trois quarts de siècle que l'Église s'en occupe en dehors des écoles congréganistes, qui avaient dans leur programme de retenir les enfants dans leurs établissements longtemps après leurs années de classe, pour leur donner l'éducation. Les congréganistes suivaient les enfants jusqu'au delà de leur majorité; c'était l'une des grandes raisons de leurs succès auprès des familles.

Les congrégations ont été supprimées, mais on ne s'est pas préoccupé de l'éducation populaire, qui est tombée dans le néant. Heureusement que l'Église a repris ce travail éducateur et qu'elle s'y consacre avec un dévouement admirable.

Mais cet effort, pour si beau et si méritoire qu'il soit, est tout à fait insuffisant. L'Église fait ce qu'elle peut. Il appartient à l'État de compléter cette organisation.

L'État est bien entré dans cette voie, mais avec des moyens tellement au-dessous des nécessités, qu'on peut dire que tout reste à faire.

Il incombera certainement aux instituteurs de s'occuper de l'éducation de la jeunesse populaire. On pourra attacher à ce travail les instituteurs en retraite, qui par leur âge possèdent mieux les nécessités et l'expérience de la vie humaine que les jeunes gens. Ces instituteurs devront obéir à des programmes et à des règles qu'on leur enseignera; il appartiendra à l'Université de réunir de hautes compétences pour arrêter le programme, édicter les règles, indiquer les concours à demander, tracer les méthodes, enfin présenter une étude toute faite sur les questions à traiter, afin que les maîtres n'aient qu'à les développer.

Lorsque l'organisation technique sera arrêtée, la question des locaux se posera. Cette question sera plus facile à résoudre dans les villes que dans les campagnes. En tout cas, il est nécessaire de fournir des locaux tant pour la jeunesse que pour les mutualités, afin de ne pas les obliger à faire leurs réunions dans des auberges; la vie d'auberge doit être rayée du programme.

Nous savons qu'il y aura là un effort grandiose à faire, mais cela est tellement indispensable qu'il est impossible d'en reculer l'exécution; de plus, avec le concours de l'Église le travail sera plus facile, en tout cas moindre, puisqu'elle se charge d'une partie. Il conviendra du reste d'entretenir la meilleure harmonie entre les patronages de l'Église et ceux créés par l'État; pour arriver à la solidarité, il est nécessaire que la jeunesse ouvrière apprenne à respecter les croyances religieuses. Cet apprentissage fait partie de l'éducation libérale; avec cette organisation, le principe de solidarité recevra une heureuse et très féconde application. Il y a là un grand devoir à accomplir par les dirigeants.

Il nous paraît superflu d'ajouter que pour le prestige et la dignité des maîtres de l'enseignement et de l'éducation, il est indispensable d'améliorer leur situation matérielle. Nous reconnaissons avec satisfaction que de grands efforts ont été faits dans ce sens, mais il en reste encore à faire.

CHAPITRE VIII

LA VIE OUVRIERE

La question ouvrière occupe une place considérable dans la vie sociale; ici presque tout reste à faire, et malheureusement toutes les solutions proposées ne visent toujours que les satisfactions électorales immédiates; il en résulte souvent des déceptions terribles; ces pauvres gens disent qu'on les trompe toujours, car toujours on leur fait entrevoir des solutions impossibles qui ne se réalisent pas et ne se réaliseront jamais.

Prenons par exemple la loi des retraites, qui a produit sur les ouvriers une grandiose déception, et voici pourquoi.

Cette loi est basée sur d'excellents principes, c'est entendu; seulement, avant qu'elle fût votée, elle a été promise aux ouvriers en période électorale et elle a été présentée par les agents électoraux sous un jour faux.

Ceux-ci exposaient aux ouvriers qu'ils auraient une retraite qui pourrait aller de 600 à 1.000 francs à partir de tel âge; ils se gardaient bien de faire comprendre que c'étaient là des maxima qui ne pourraient être atteints que par les tout jeunes gens; ils se gardaient bien de leur expliquer que cette loi serait à base de mutualité; ils se gardaient surtout de leur apprendre qu'ils auraient à y participer par des versements.

En sorte qu'après le vote de la loi, lorsqu'on a demandé aux ouvriers leur concours, ils sont tombés de leur haut, ils étaient furieux; aussi, cette loi, pourtant fort rationnelle, a produit une déception et une désillusion formidables; une fois de plus les ouvriers ont eu l'occasion de manifester leur haine et de dire qu'on les trompe toujours et qu'ils en ont assez.

Franchement on ne peut reprocher à ces braves gens d'être aigris, on fait tout pour cela, et c'est seulement le monde électoral qui abuse ainsi de la bonne foi de ces pauvres gens.

Les idéologues et les sentimentalistes sont constamment en action pour améliorer la vie ouvrière, ce sont presque toujours des personnes de très bonne foi qui ont seulement le grand tort d'ignorer totalement le jeu des lois économiques. Or, ces lois sont d'une rigidité absolue; on ne peut les éviter, il faut par force en tenir compte et, comme elles sont inconnues des idéologues, ils se contentent de mettre en circulation des combinaisons sociales mal étudiées qui ont une apparence de sérieux, mais qui ne résistent pas à un examen approfondi; cela n'empêche que ces combinaisons sont ramassées par les faiseurs électoraux et offertes en pâture aux masses populaires, surtout pendant les périodes électorales, et puis ces combinaisons deviennent ce qu'elles peuvent.

Nous donnons pour exemple l'idée mise en avant de faire participer les ouvriers aux bénéfices industriels et de baser cette participation sur une loi; au premier aspect, cette combinaison est très séduisante; il n'est pas étonnant que les éléments électoraux s'en emparent avec avidité, c'est une splendide estrade électorale, et beaucoup de personnes, même parmi les intellectuels, croient que cela est possible et sérieux.

Or, si cette combinaison était transformée en loi, il en résulterait une grosse et nouvelle déception pour les ouvriers, qui constateraient qu'on les a trompés une fois de plus, et ils auraient une nouvelle occasion de cultiver leur haine et de constater leur malheureuse impuissance.

Admettons qu'une loi ordonne de passer une part de bénéfices des établissements industriels aux ouvriers.

Il est bien entendu que le chef d'établissement ne pourra baser cette part de bénéfices sur une somme arbitraire; la loi devra prévoir un tant pour cent. Ce tant pour cent grossira le chapitre frais généraux des usiniers, d'où augmentation du prix de revient et par suite d'augmentation du prix de vente des objets fabriqués. Il faut bien comprendre que ni les actionnaires ni les dirigeants ne voudront sacrifier leurs revenus et qu'alors forcément ce sont les frais généraux qui paieront et finalement c'est le consommateur qui paiera; jusque-là, il n'y a pas grand mal, ce sera au consommateur à juger ce qu'il doit faire, mais malheureusement l'ouvrier lui-même ne profitera pas de cette part de bénéfices.

En effet, il ne faut pas croire que toutes les industries ont des bénéfices réguliers et suivis, ces bénéfices sont très variables; entre les usines qui ont de grands bénéfices réguliers et les usines qui ont presque autant d'années de pertes que de bénéfices, il y a place pour beaucoup de variantes.

Il est bien entendu que l'ouvrier ne participera pas aux années de pertes et qu'il ne pourra que partager les années de bénéfices.

Il se produira alors tout seul ce phénomène que les grandes usines à bénéfices réguliers trouveront sans peine de bons ouvriers à prix réduits, cela est tout naturel. Mettons-nous à leur place et faisons ce simple calcul : voilà une grande usine qui nous donne six francs par jour, de plus notre prix de journée est augmenté de deux francs produits par le bénéfice régulier sur lequel nous pouvons compter.

Eh bien! l'ouvrier préférera travailler dans cette usine à raison de six francs par jour que de travailler pour sept francs ou sept francs quatre-vingts dans une usine qui ne donne que rarement des bénéfices; il s'établira donc là une concurrence dont la résultante produira une augmentation de salaire momentanée seulement et qui se nivellera bientôt sur un salaire moyen, et les ouvriers seront comme devant; mais comme l'application d'une pareille loi entraîne forcément le contrôle de la comptabilité des usiniers, il faudra forcément des fonctionnaires, et lors même que les effets de la loi seront nuls à un moment donné, les fonctionnaires resteront, et c'est ce qu'il y aura de plus substantiel dans cette organisation.

Tout ne finira pas là; les ouvriers nourris par cette nouvelle déception produiront des réclamations, on chargera les fonctionnaires de tomber sur les usines à petits bénéfices ou sans bénéfices; les fonctionnaires feront des rapports. Très souvent cela pourra être la faute de la Direction de l'usine, dans ce cas tous les grands socialistes seront tout de suite d'accord pour faire gérer cette usine par l'État, et nous voilà embarqués dans le collectivisme. Ce sera la conséquence logique d'une entreprise mal étudiée et qui est condamnée par les lois économiques. Espérons que cette absurde conception ne verra jamais le jour; il faut le souhaiter pour les ouvriers.

Il faut donc chercher des solutions dans une voie plus saine, plus sérieuse et plus franche. Or, sans faire aucune loi nouvelle et sans créer de nouveaux fonctionnaires, on peut conduire les ouvriers vers une solution finale qui mettra toutes choses à leur place sans heurter aucun intérêt, sans créer aucune protestation, sans faire aucun acte arbitraire.

N'avons-nous pas toute une législation de nos sociétés par actions? Les ouvriers porteurs d'actions participent aux bénéfices et aux pertes; ils ne sont pas trompés, ils touchent les dividendes comme tous les autres actionnaires sans qu'il soit besoin d'aucune loi.

Bien entendu, on ne peut espérer faire cette transformation en un tour de main, cela ne peut servir de monnaie électorale, mais ce sera une solution honnête qui ne trompera personne; il faudra du temps, cela est inévitable, mais ce sera une admirable solution d'avenir.

Cette nouvelle organisation nécessitera qu'on s'occupe tout de suite de l'éducation ouvrière : il faut nécessairement préparer ces hommes à leur nouvelle destination et faire un classement; ces classements seront basés sur les connaissances pratiques et techniques de l'ouvrier, sur ses devoirs de famille, sur sa conduite; on aura ainsi des ouvriers de premier ordre, de second, troisième et quatrième ordre. Ces catégories seront constatées par des emblèmes et des parchemins; ces classifications seront établies par les chefs d'entreprises.

Tous les ans, les communes, les départements et l'Etat consacreront une certaine somme à l'achat d'actions ne pouvant être données qu'aux ouvriers de première catégorie et qui seront pères de famille; en moins d'une génération, cette combinaison aura pris de grandes proportions, le chemin sera ouvert, le plus grand nombre finira par y passer; les ouvriers se mettront petit à petit au courant, et le moment viendra où ils agiront tout seuls sans le concours des Pouvoirs publics, car il faut bien retenir que ce concours ne doit pas se continuer toujours, ce serait du communisme : ce concours ne peut se justifier que pour la mise en train.

Mais outre les Pouvoirs publics, si cette combinaison est consciencieusement conduite, on verra bien des philanthropes consacrer une partie de leur testament à cette belle œuvre de solidarité, pourvu qu'on ne demande rien à la violence et à l'arbitraire et que tout au contraire les dirigeants s'appliquent à cultiver la solidarité et à réduire l'individualisme.

Même les établissements industriels entreront dans la voie de donner à leur personnel sous forme de gratification des actions de leur usine, ou d'autres usines; déjà quelques usines le font.

Cette combinaison n'a rien de chimérique; elle est très sérieuse, elle peut satisfaire tous les hommes de cœur. Seuls, les éléments électoraux ne verront pas cette solution avec plaisir; elle ne peut servir de plate-forme électorale, car elle ne peut se résoudre tout de suite, c'est une affaire de longue haleine.

Nous passerons sous silence l'organisation du détail; nous nous réservons de traiter cette question dans une étude spéciale. En effet, le sujet serait trop long à développer dans cette étude générale.

Bien entendu qu'une opération de cette nature doit

être précédée de l'éducation ouvrière. Il faut faire en sorte que les excitations auxquelles ces pauvres gens sont exposés disparaissent; il faut absolument supprimer ces combinaisons qui s'imaginent faire quelque chose de bien en prenant à l'un pour donner à l'autre; il est nécessaire au contraire que le principe de la propriété soit sacré; qu'on empêche les fortunes scandaleuses de se produire, personne n'y trouvera à redire, d'autant que c'est souvent dans la politique que ces fortunes prennent naissance; mais il ne faut absolument pas compter sur un nivellement des fortunes, toute action dans cette voie serait la perte du pays. On ne doit même pas poser des problèmes de cette nature : dans un pays civilisé, la propriété individuelle doit être respectée comme un dogme

On a bien aussi proposé les coopératives de production, mais ces organisations ont le tort de supprimer la liberté individuelle; par suite elles ne peuvent avoir aucun avenir. Elles trouveront quelques très rares applications dans des cas spéciaux, et encore il est à craindre qu'elles n'aient qu'une existence éphémère.

Ces coopératives de production sont en somme basées sur le communisme, et le communisme n'est pas viable, même sous la forme de familistère. Cette organisation ne pourra se maintenir dans l'avenir comme organisation sociale; c'est peine perdue de chercher dans cette voie.

Du reste, un familistère bien organisé n'aura pas de grands efforts à faire pour se transformer en société par actions et assurer ainsi son existence et son avenir, tout en laissant à chacun sa liberté d'action et en lui attribuant une part des bénéfices.

La combinaison de faire avec les ouvriers des

actionnaires n'est pas nouvelle. Déjà en Angleterre beaucoup d'ouvriers sont actionnaires. Ceux-là ont appris par expérience combien le nivellement des salaires est une absurdité; ces ouvriers ont soin de rechercher des gérants de haute valeur et de les rétribuer en conséquence; ils reconnaissent sans peine qu'il est de leur intérêt de s'adjoindre des hommes supérieurs, et, par là même, ils reconnaissent la nécessité de favoriser les intelligences pour le grand bien de l'humanité, d'écarter tout à fait les principes de nivellement qui tiennent tant au cœur de la masse ouvrière et qui constituent pour le plus grand nombre une si fâcheuse mentalité.

Mais lorsque les ouvriers sentiront qu'on s'occupe sérieusement d'eux, leur état d'esprit se modifiera rapidement, l'éducation des jeunes générations viendra en aide, la vie de famille de l'ouvrier, secondée par des habitations convenables, aura bientôt fait de transformer la vie morale de tout ce monde du travail.

La question du logement hygiénique s'impose avec une impérieuse nécessité; nous savons qu'un grand effort se fait dans ce sens, malheureusement il est encore insuffisant, même de beaucoup; dans les grandes villes encore, les ressources sont plus abondantes, on arrive à des résultats, mais dans les petites villes les résultats obtenus sont presque nuls, et la vie morale et de famille des ouvriers est réduite au minimum; lorsqu'on approfondit ces existences, on reste navré et anxieux sur l'avenir de ces tristes vies humaines; non, là, il faut agir et agir vite.

Nous ne nous arrêterons pas à de nombreuses mesures législatives ayant pour but l'amélioration de la vie ouvrière : ce sont des solutions très méritoires, qui sont l'acheminement vers des solutions plus grandioses; du reste, il est toujours bon d'agir par échelons et de coordonner toutes les combinaisons vers un but final qui est d'amener les ouvriers à être copropriétaires des usines.

Mais il faut bien se garder de promettre cette solution qui ne pourra se réaliser que dans une période lointaine qu'on peut estimer à deux générations; ce délai pourra être plus court si l'affaire est conduite avec intelligence; il est certain que déjà au bout d'une génération on aura d'appréciables résultats.

Il faut s'attendre à des luttes, car, par force, il sera nécessaire d'employer une méthode, et pour commencer ce sera d'abord la fleur de la masse ouvrière qui arrivera à prendre place; les ouvriers de premier ordre seront très vite à hauteur, les ouvriers de deuxième ordre arriveront après, ce sera plus long, il y aura beaucoup plus de défections, c'est-à-dire que beaucoup ne se maintiendront pas sur la situation qui leur est faite et on sera obligé de les faire passer à un ordre inférieur; il s'établira ainsi une sélection et une lutte. Cette lutte aura pour résultante d'élever le niveau moral des ouvriers et de refouler dans les catégories inférieures ceux qui seront les moins sociables; forcément on aura toujours des résidus, il en sera éternellement ainsi; le devoir social de solidarité impose de réduire au minimum ces rebuts sociaux; et puis, il appartiendra aux générations futures de trouver des correctifs pour ces rebuts inévitables, afin de les réduire au plus petit nombre possible.

Nous résumons donc que pour la vie ouvrière il y a trois principes généraux à satisfaire :

1° L'organisation de l'éducation populaire ;

2° L'habitation isolée pour chaque famille;

3° L'attribution de parts de propriété sous forme d'actions.

On doit bien se pénétrer que la première mesure à prendre pour aider la vie ouvrière consiste à assurer la prospérité de l'industrie; avec la prospérité toutes ces questions sont résolues à la volée. En principe, le chef d'industrie a tout intérêt à avoir de bons collaborateurs et à les bien rétribuer; avec l'industrie prospère on peut créer beaucoup d'améliorations sans trouver aucune résistance, tout au contraire les chefs d'industrie aident le mouvement.

Dans le cas contraire, quand l'industrie est obligée de traîner une vie besogneuse, on a beau lui serrer la vis, cela ne donne plus rien, on finit par casser l'organisme, c'est tout ce qu'on obtient.

Les dirigeants qui désirent sincèrement améliorer la vie ouvrière ont pour premier devoir d'aider à la prospérité industrielle.

Nous devons constater avec regret que beaucoup de nos administrateurs départementaux ignorent totalement cette mission et sont plutôt des adversaires des industriels; cette fâcheuse situation appelle des remèdes immédiats. Il est nécessaire que nos dirigeants se préoccupent de cette situation et que l'attitude de nos administrateurs départementaux soit totalement modifiée dans l'intérêt de la bonne marche et de l'harmonie sociale.

Dans notre première édition, la question ouvrière était indiquée par des solutions de généralité; nous allons maintenant préciser ces solutions et indiquer leur réalisation pratique.

Nous avons exposé que chaque ouvrier marié et père de famille devrait avoir son habitation lui appartenant; voici la combinaison à adopter pour arriver à une solution pratique.

Cette question des habitations ouvrières a déjà préoccupé beaucoup de chefs d'usines et de philanthropes et, dans bien des cas, les usiniers ont édifié des maisons ouvrières, mais toujours on fait payer ces maisons par les ouvriers; or, ce n'est pas ce que nous conseillons : nous estimons qu'il faut fournir gratuitement aux ouvriers cette habitation, de façon à ce qu'il puisse faire de l'épargne avec le prix du loyer qu'il aurait à payer.

Pour les ouvriers habitant la campagne, l'État doit fournir le terrain sans demander aucune compensation; il doit se borner à demander des installations hygiéniques pourvues d'eau potable; on pourra fixer environ six maisons par hectare de terre.

Les maisons seront construites par des sociétés immobilières ou par les usiniers eux-mêmes qui prendront la place de ces sociétés, et les annuités seront assurées par le chef d'usine de façon à liquider chaque maison dans une période de dix à quinze années.

Il sera dressé un acte notarié donnant à l'ouvrier la propriété de la maison sous certaines réserves, car il faut prévoir le décès; il faut aussi prévoir le cas où l'ouvrier quitte l'usine qui lui paie les annuités.

Pour le premier cas, l'ouvrier contracte une assurance-vie de façon à ce que sa veuve puisse conserver l'immeuble avec ses enfants.

On pourra, au surplus, laisser à la veuve la faculté de vendre sa maison à un autre ouvrier de l'usine qui paie les annuités; mais, en ce cas, cette veuve ne pourra toucher que la somme qui dépasse le solde à payer. Bien entendu, toutes ces opérations ne pourront se faire qu'avec les conditions imposées par la loi pour la sauvegarde des intérêts du mineur.

L'ouvrier pourra toujours, à un moment quelconque, vendre sa maison à un autre ouvrier de l'usine qui paie les annuités, mais il ne pourra toucher que la somme dépassant le reste à payer.

Il ne pourra vendre son immeuble à un acheteur qui ne serait pas dans l'usine qu'avec l'assentiment de l'usinier payant les annuités; celui-ci devra toujours avoir la préférence tant que la maison ne sera pas entièrement payée.

De cette manière, la liberté de l'ouvrier est assurée dans la plus large mesure possible; il aura donc gratuitement une habitation avec jardin et n'aura comme charge qu'une assurance qui pourra se faire avec la mutuelle dite Caisse syndicale des accidents ou avec une société ayant une organisation semblable. On voit donc que la liberté individuelle est respectée et que la solidarité joue; l'État n'intervient que pour donner le terrain et ne s'occupe pas du surplus.

Cette question d'habitation est depuis longtemps le point de mire de beaucoup de combinaisons, mais toujours on prévoit le paiement par l'ouvrier, tandis que nous estimons qu'on doit donner la maison sans exiger de paiement. En effet, l'ouvrier père de famille, surtout tant que les enfants sont jeunes, ne peut arriver à faire face à cette dépense que dans des cas très exceptionnels et fort rares; c'est pourquoi nous estimons qu'il faut tendre la main à l'ouvrier pour lui aider à monter; plus tard cette intervention ne sera plus nécessaire.

Nous voilà donc organisés pour transformer nos bons ouvriers, pères de famille, en propriétaires. Ces ouvriers auront un chez eux, ils cultiveront leur jardin, ils auront une vie et une famille et par suite une vie morale; le père et les enfants vivront ensemble et ne seront pas incités à se faire une vie d'auberge. On arrivera ainsi à organiser un personnel civilisé qui ne se mettra pas à la merci des entreprises anarchistes. Personne ne peut mettre en doute que nous obtiendrons ainsi une amélioration considérable de notre organisation sociale; nous créons ainsi un élément conservateur avec lequel il sera possible de prévoir un travail continu et une production entière de ce qu'une usine peut rendre.

Mais nous n'avons pas encore, avec cette organisation, épuisé tout ce qu'on peut faire pour améliorer la vie ouvrière. Nous allons maintenant étudier une deuxième combinaison, qui permettra de transformer nos ouvriers en capitalistes.

Beaucoup d'usines ont déjà organisé le partage d'une partie des bénéfices avec leurs meilleurs ouvriers. Eh bien ! c'est une mesure à généraliser, mais il faut y attacher l'obligation pour l'ouvrier qui en profite de conserver cette gratification et de la transformer en un titre de rente, de préférence des obligations; il ne faut pas, au début, mettre entre les mains des ouvriers des actions.

Il faut préparer l'ouvrier capitaliste progressivement, en l'obligeant à n'acheter d'abord que des obligations nominatives.

On lui imposera de conserver ce titre et on ne lui en donnera un second que s'il présente le premier. On fera la même chose tous les ans pendant une période qui pourra aller de dix à quinze ans; après quoi, on donne à l'ouvrier la liberté entière. Lorsque pendant une période de dix à quinze ans il a su conserver ses titres de rente, on peut en déduire qu'il est devenu capitaliste et qu'il peut alors voler de ses propres ailes.

Il faut du reste avoir soin de mettre l'ouvrier, dès le début, en contact avec un banquier, afin qu'il fasse lui-même l'achat du titre de rente; il faut l'initier à ce genre d'opération, il n'est pas bon de tout faire pour l'ouvrier pour lui éviter de se tromper, non, il faut lui apprendre à agir personnellement.

Voilà donc notre deuxième catégorie organisée, il sera nécessaire que le chef d'usine fasse une petite comptabilité spéciale pour ces opérations; ce sera peu de chose, nous n'avons pas à creuser ce détail.

Nous arrivons maintenant à une troisième catégorie qui se composera aussi de capitalistes; voici comment nous opérons pour celle-ci :

Pour tous les travaux légers, on peut demander aux ouvriers de faire volontairement dix heures de travail au lieu de huit, bien entendu avec l'autorisation administrative; ces deux heures supplémentaires seront payées et majorées de cinquante pour cent ou plus et seront appliquées totalement à l'achat de titres de rente sous forme d'obligations nominatives que l'ouvrier devra conserver et pouvoir reproduire tous les ans pendant une période de dix à quinze ans. Il ne sera autorisé à faire ces deux heures supplémentaires qu'avec l'obligation absolue de transformer tout le revenu de ce travail en obligations nominatives.

Cette catégorie d'ouvriers pourra être très nombreuse, car beaucoup ne demanderont pas mieux que d'encaisser le produit de ce travail supplémentaire, et nous arriverons ainsi à faire un nombre respectable de nouveaux capitalistes.

Nous avons vu que jusqu'à maintenant nous n'avons pas demandé grand'chose à l'État; nous allons maintenant lui demander son concours.

Pour le paiement d'une prime d'encouragement, il s'agit d'obliger les ouvriers à conserver leurs titres de rente, de les obliger à être épargnants, sans pourtant prendre des mesures vexatoires. Il nous paraît qu'il suffirait que l'État accorde une prime à tous les pères de famille qui sont devenus des capitalistes épargnants et à la condition formelle qu'ils puissent reproduire tous les ans leurs titres de rente.

Cette prime pourrait consister en livrets de caisse d'épargne pour les enfants de l'ouvrier épargnant; l'État donnerait ainsi une toute petite somme à chaque enfant au-dessous de quinze ans : on prépare ainsi de nouveaux épargnants.

Cette troisième catégorie d'épargnants pourra être rendue libre de toute obligation, après quinze années consécutives d'épargnes accumulées.

Tous ces nouveaux capitalistes rendus à la liberté devront ensuite se gouverner eux-mêmes, ils achèteront sur le marché des actions comme tous les autres épargnants.

Sans doute, ils ne trouveront pas tout de suite les titres qu'ils pourraient désirer, mais à la longue toutes les propriétés changent de mains et ils arriveront petit à petit à avoir les actions qu'ils préfèrent. A chaque génération les fortunes se divisent et les actions les plus concentrées finissent par s'éparpiller dans le public; on peut constater journellement avec quelle facilité ces titres changent de mains. On pourra donc arriver, sans aucune perturbation et en respectant comme un dogme la propriété individuelle, à attribuer aux ouvriers les actions des usines qui les intéressent le plus. A ce moment on aura atteint la perfection sociale au moins dans les limites où il est possible à l'homme de les envisager; on aura résolu le problème de conserver la propriété individuelle tout en mettant en commun de grosses entreprises qui ne pourraient exister sans l'union des capitaux.

La prime accordée par l'État aux enfants des épargnants pourra l'être aux trois catégories d'ouvriers que nous venons d'envisager.

Il faut remarquer que, dans cette large entreprise, le concours de l'État est très minime; le plus grand travail incombe au chef d'usine. Nous allons examiner, dans un autre chapitre, comment on pourra compenser l'effort qu'on demande aux usiniers.

D'abord, il est élémentaire que, pour demander aux usiniers un effort social aussi étendu, il faut qu'ils puissent compter d'une façon absolue sur la prospérité industrielle.

Dans la vie économique tout se tient, on ne peut agir sur l'un des éléments sans tenir compte des répercussions sur d'autres éléments. En première ligne, il faut régler le mode des contributions à appliquer à l'industrie : nous allons étudier cette question au chapitre des impôts.

CHAPITRE IX

L'IMPOT

Le système égalitaire actuel de la France devrait entraîner forcément l'égalité devant l'impôt; c'est la justice élémentaire.

On suppose tout de suite que les petites bourses ne pourraient payer leur taxe, c'est une erreur; le salaire se réglerait sur cette dépense. L'ouvrier qui réduit son salaire au minimum de ses besoins d'entretien comprendrait dans ses besoins sa taxe d'impôt aussi bien que les fournitures de boulanger; ce serait une habitude à prendre, mais bien entendu nous ne préconisons pas cette application. Nous voulions seulement faire ressortir l'absurdité du principe égalitaire qui est aussi mauvais pour l'impôt que pour le suffrage.

La notion exacte de l'impôt est depuis longtemps établie. Il faut que l'impôt soit proportionné au revenu; cette théorie est irréprochable, le tout est de trouver un mode d'application juste et convenable. Nous n'aurons pas à nous étendre sur cette question, elle n'intéresse la question sociale que dans une application impartiale et très juste.

Il faut seulement réserver les principes qu'aucun impôt ne doit être progressif ou dégressif. On doit absolument rejeter sans hésitation ces variantes; en effet, ni la progression ni la dégression ne reposent sur aucun principe scientifique. Par conséquent, ces échelles de dégression et de progression sont absolument arbitraires; or, jamais un législateur ne doit introduire l'arbitraire dans les lois. Du moment qu'on ouvre la porte à l'arbitraire, la sécurité disparaît et la solidarité aussi; il ne faut pas invoquer d'autres pays et se résoudre à ne leur emprunter que des solutions irréprochables et qui doivent toujours concorder avec leurs principes sociaux de liberté individuelle et de solidarité.

De même l'exemption de l'impôt à la base est un acte déloyal, une tromperie, car enfin cet impôt payé par les uns et non par les autres finit bien par se répartir sur tout le monde; par conséquent, lorsqu'on fait croire à certaines catégories de citoyens qu'on les dispense d'impôts, on les trompe, car tous ces gens-là paient leur part en proportion de leur consommation.

Ce système de dispense est surtout mauvais parce qu'il fait croire aux non-propriétaires qu'ils ne paient rien, et alors tous ces braves gens se désintéressent totalement des questions budgétaires; c'est encore une de ces néfastes conséquences du suffrage universel. Et puis, comment peut-on supposer que la solidarité est possible dans un pays où la grosse masse de citoyens est faite pour voter et un petit nombre a pour mission de payer et d'obéir; non, des combinaisons semblables ne peuvent que faire augmenter l'individualisme et détruire la solidarité; par conséquent on continue et on aggrave la dégénérescence de la nation.

Toutes ces questions d'impôts touchent de près les questions sociales et économiques, et nos législateurs ne tiennent aucun compte de ces lois qui pourtant interviennent par la force des choses et produisent des effets inattendus; il est indéniable que notre organisation de législature appelle une modification imminente. Il n'est pas possible qu'on puisse ainsi continuer à introduire dans nos lois des combinaisons mal étudiées, incomplètes, qui heurtent tous les principes de l'organisation sociale et nous conduisent à l'anarchie.

Mais si l'impôt sur le revenu représente un impôt idéal, on ne peut quand même tout sacrifier à la réussite de son installation.

Ainsi, au point de vue estimation des ressources, il faut bien se garder d'introduire dans la loi des pratiques arbitraires; l'arbitraire est déjà banni du droit français. Il serait donc antijuridique de l'introduire à la dérobée dans la législation.

Qu'on songe donc combien de sacrifices la nation s'est déjà imposés pour écarter le pouvoir personnel et l'arbitraire qui en est la conséquence; depuis plus d'un siècle la France lutte constamment pour éloigner, supprimer l'arbitraire et faire vivre le pays à l'abri de lois, et depuis quelque temps on perd de vue ces principes protecteurs de la sécurité pour tenter les combinaisons arbitraires; ces tendances démontrent combien les législateurs actuels sont peu préparés pour solutionner les questions de cette nature.

Sans doute on objectera qu'on ne peut arriver à faire des estimations de revenus sans recourir à l'arbitraire; eh bien non, malgré cette objection, l'arbitraire ne doit entrer en jeu lors même que l'application de la loi serait imparfaite et que des revenus échappent au contrôle; il vaut mieux supporter cela que de faire de l'arbitraire, il vaut mieux acquitter cent coupables que de condamner un seul innocent.

Ensuite la situation ne restera pas ce qu'elle est si les dirigeants agissent avec intelligence et une justice irréprochable; ils amèneront la sécurité et la confiance, et les capitaux s'intéresseront aux affaires nationales; toutes ces affaires nationales ne peuvent échapper au fisc. Il y aura là un puissant correctif; on en découvrira d'autres. Il faut laisser travailler l'intelligence et le temps. De ce que nos moyens intellectuels actuels ne nous permettent pas de résoudre toutes les difficultés, cela n'est pas une raison pour introduire l'arbitraire dans nos lois. Il faut au contraire le bannir partout où on le rencontre; l'arbitraire est le destructeur de la solidarité et de la liberté individuelle; à ce seul titre il doit être écarté sans aucune hésitation de toutes les combinaisons; il n'y a aucune place pour l'arbitraire dans un pays civilisé. Si minime que soit la dose, il faut l'écarter avec mépris, pas même la raison d'État ne peut excuser l'arbitraire; la civilisation française qui a toujours écarté l'arbitraire doit se faire un point d'honneur de rejeter avec dédain les solutions entachées d'arbitraire si minime qu'en soit la dose. C'est un de ces principes avec lesquels on ne transige pas; on ne transige pas avec l'honneur et on ne transige pas avec l'arbitraire.

La question d'impôt est étroitement liée à la prospérité générale du pays; les législateurs diligents et intelligents savent que le rendement de l'impôt est proportionnel à la production industrielle et agricole du pays et que, pour avoir plus de revenus et pouvoir grossir le budget, il est plus rationnel de chercher à augmenter la production nationale, auquel cas les ressources de l'impôt augmentent toutes seules et automatiquement, plutôt que d'augmenter la quotité de l'impôt; en ce cas, on crée des charges pour la production nationale qui la mettent en infériorité vis-à-vis de ses concurrents étrangers.

Ce principe semble bien peu compris; en tout cas il ne paraît pas préoccuper nos législateurs qui cherchent toujours à augmenter les revenus de l'impôt par l'augmentation de la quotité, tandis qu'on ne voit jamais apparaître la préoccupation d'augmenter la production nationale, soit par le développement industriel, soit par le développement des productions agricoles; cela tient sans doute à la composition de nos assemblées législatives où il se trouve trop peu de spécialistes en matière industrielle et agricole.

Il serait fort intéressant de trouver une combinaison qui permette de peupler nos assemblées délibérantes avec les hommes d'action de l'industrie et de l'agriculture, qui se préoccuperaient non seulement des questions électorales mais aussi des intérêts généraux du pays et qui auraient les aptitudes nécessaires pour solutionner les questions de cette nature.

Bien des hommes d'étude ont déjà envisagé la nécessité de modifier la composition de nos assemblées et d'y introduire les représentants des diverses corporations. La question vaut la peine d'être reprise; ce serait un grand bien pour le pays d'avoir à sa tête, au moins en partie, les sommités de l'industrie, de l'agriculture et du commerce. Tous ces spécialistes ont l'habitude des questions financières, et leur compétence nous procurerait des budgets sérieux et des impôts proportionnés à la force productive du pays.

Nous ne préconisons pas plus une solution qu'une

autre; disons seulement qu'il est malheureux et profondément regrettable que le pays soit privé de toutes ces compétences.

Nous savons bien qu'il y a des corps consultatifs, mais cela est hautement insuffisant. A quoi sert d'avoir des corps consultatifs lorsque les corps délibérants ne comprennent pas les solutions qu'on leur propose? Il y a là une foule de lois économiques, qu'un long usage des affaires peut seul faire apprécier; ce sont des connaissances spéciales qui sont indispensables.

Supposons qu'à une réunion d'avocats on vienne soumettre pour la solutionner une question de chirurgie, lors même que cette question serait entourée de mémoires émanant de corps consultatifs. Cette réunion d'avocats serait fort embarrassée et, si elle était obligée de donner une solution, elle la donnerait au petit bonheur.

Nous appuyons sur cette question de prospérité nationale parce qu'elle est intimement liée au rendement des impôts et qu'on ne saurait manier les lois sur les taxes à créer sans tenir compte des répercussions de ces taxes sur la vie industrielle et commerciale.

Nous ne terminerons pas ce chapitre sans appeler l'attention sur les octrois.

Depuis longtemps les plus vives critiques sont formulées contre les octrois et à peu près personne ne se charge de les défendre; du reste, ils ne sont pas défendables.

Nous avons reconnu que l'impôt idéal, était l'impôt sur le revenu. Or, l'octroi est précisément l'opposé de l'impôt sur le revenu. C'est un impôt qui est proportionnel à la consommation, par conséquent il frappe tous les consommateurs au même taux. C'est le système égalitaire avec son absurdité.

Nous savons bien quelle objection on fait à la critique de l'octroi. On répond que cet impôt n'est pas équitable, mais enfin il a cela de commun avec tous les impôts, c'est qu'il se répartit en somme sur tout le monde et que finalement, malgré la forme variée des impôts, la répartition se fait automatiquement.

Oui, cela est vrai, mais à ce compte ce ne serait pas la peine d'organiser l'impôt sur le revenu; des impôts quelconques peuvent suffire. Eh bien! nous disons que c'est là une profonde erreur. Il n'est pas indifférent de frapper d'impôts à l'aveuglette et sans tenir compte des répercussions que cela peut entraîner pour les transactions et le développement de l'industrie nationale; ne voyons-nous pas des pays offrir l'exemption d'impôts pendant plusieurs années aux installations industrielles?

Un impôt mal établi peut être la perte d'une entreprise aussi bien que l'occasion d'un bénéfice illicite.

Toutes ces considérations démontrent jusqu'à l'évidence que les questions d'impôt sont liées strictement avec la prospérité nationale; qu'elles peuvent avoir une influence directe sur la vie industrielle et commerciale; que, dès lors, ces questions doivent être soumises aux compétences spécialisées.

Le médecin traite les maladies de l'homme, le prêtre s'occupe de son âme, l'astronome s'occupe des étoiles et l'industriel et le commerçant s'occupent des questions d'affaires : à chacun son métier.

Depuis notre première édition, bien des considérations que nous avions indiquées se sont vérifiées, mais d'autre part, l'assiette de l'impôt a été totalement bouleversée.

Des principes néfastes accompagnés d'un arbitraire déplorable ont pris place dans notre organisation fiscale.

Avec juste raison le pays s'en est ému et, on demande avec anxiété des remèdes pouvant garantir la vie économique qui, avec cette nouvelle organisation fiscale, est destinée, par la force des choses, à s'atrophier.

Cette situation est d'autant plus périlleuse qu'à cette question d'impôt se mêle la question sociale : tout se tient dans la vie économique et nous sommes menacés de nous anéantir dans l'anarchie financière.

Il est donc de toute nécessité de réagir contre ces principes de destruction et de rendre à la fiscalité une saine organisation scientifique, basée sur les grands principes de justice et de liberté individuelle enseignés par nos plus grands juristes.

Et d'abord il convient de mettre debout l'impôt sur le revenu qu'il faut appliquer sans aucune inquisition et surtout sans toucher à l'épargne.

Pour distinguer le revenu de l'épargne il y a un moyen fort simple : admettons deux contribuables ayant chacun trente mille francs de revenus sur immeubles urbains dans la même ville, ils sont donc bien égaux; mais l'un a une habitation somptueuse, des domestiques, une auto, bref, il est apparent que ce contribuable dépense tous ses revenus, il sera donc taxé pour ses trente mille francs de revenus; le second habite un quatrième et n'a qu'une bonne, tout indique que son train de vie ne peut correspondre qu'à une dépense de dix mille francs, ce contribuable épargne donc vingt mille francs. Eh bien! il ne faut pas toucher à cette épargne, et on ne doit l'imposer que pour un revenu de dix mille francs.

Avec cette distinction on ne se trompera pas et le fisc pourra agir sans froisser personne, il appliquera un juste impôt sur les dix mille francs et rien pour l'épargne de vingt mille francs.

Cette épargne ne sera pas perdue pour le fisc, car elle ne restera pas toujours dans le tiroir; à un moment donné, elle sortira pour se transformer en immeubles ou en valeurs mobilières, et le fisc reprendra ses droits.

Dans les exploitations industrielles et commerciales, l'épargne est représentée par les réserves. Il faut bien se garder de toucher à ces réserves, elles servent en partie à compenser les pertes et finalement elles sont employées au développement des entreprises.

Les amortissements ne servent qu'à remplacer ce qui existe, tandis que les réserves servent aux développements futurs qui viendront donner leurs produits aux taxes fiscales. Voilà donc deux exemples faciles à comprendre qui montrent où finit le revenu et où commence l'épargne; il est donc facile d'organiser des impôts sans toucher à l'épargne.

On s'en tiendra par conséquent à un seul impôt sur le revenu. Ce sera le revenu global, représenté par les dépenses du contribuable, que l'on considère comme son revenu; il est indiscutable que ce qu'il ne dépense pas ne peut être qualifié que d'épargne.

On cherche toujours à frapper spécialement ceux qui passent pour capitalistes, ce qui est absolument injuste; le capitaliste est presque toujours un épargnant, et alors en vertu de quel principe peut-on toucher à cette épargne?

Ceux qui ont des revenus sont du reste touchés par tous les impôts en proportion de leurs rentrées : ainsi, toutes les valeurs mobilières sont taxées à 5 % du revenu; puis toutes les entreprises auxquelles se rapportent leurs valeurs mobilières ont aussi à supporter leurs taxes, puis toutes les dépenses qu'ils ont à faire se rapportent à des fournitures qui toutes passent à l'impôt; à la succession on ne les oublie pas, il y a de ce côté de forts impôts. Enfin toutes les opérations commerciales ou financières n'échappent pas non plus aux impôts; ils sont donc touchés par l'impôt dans la proportion de leurs dépenses, de leurs revenus et de toutes les opérations qu'ils entreprennent.

On a aussi inventé un impôt sur les ventes en détail. Cet impôt est d'une perception très difficile, tous les petits détaillants n'ont aucune comptabilité pour établir cet impôt; ils sont donc obligés de tenir un livre spécial pour le recouvrement, puis les agents du fisc sont obligés de contrôler toutes ces opérations. Aussi les rentrées dans les caisses du Trésor laissent beaucoup à désirer. Non, ce genre d'impôt n'est pas une conception heureuse, on ne peut le corriger qu'en le supprimant et en le remplaçant.

Du moment qu'il s'agit de créer un impôt de consommation, il vaut mieux s'adresser au producteur initial, à l'industriel qui fabrique cet article. A celui-là on lui demande d'ajouter aux factures qu'il envoie à ses clients une taxe représentant un impôt de 1 à 10 % selon les articles. Il ajoute cette somme à la facture en stipulant : impôt de guerre à tant pour cent; il additionne le produit de cet impôt dans une colonne spéciale de son livre de vente et il envoie le produit au percepteur trois mois après le trimestre échu.

Cette combinaison permet de varier l'impôt selon l'article qu'il frappe, et, comme chaque industriel adresse ses produits à des centaines de clients, le travail de perception est en moyenne mille fois plus réduit que lorsqu'on le demande aux détaillants. Il nous paraît préférable d'ajouter cet impôt aux factures plutôt que de faire une taxe sur le chiffre d'affaires; pour l'industriel il y aura un peu plus de travail en ajoutant l'impôt aux factures, mais cette solution sera sûrement mieux acceptée que la taxe sur le chiffre d'affaires qui vient après coup et qui peut donner lieu à discussion, car, outre les produits à vendre résultant de la fabrication, l'industriel peut faire des opérations spéculatives qu'il faudrait rattacher ou ne pas rattacher aux opérations résultant de la vente des produits fabriqués; de plus le budget de l'État sera servi plus vite par la méthode de l'impôt sur factures.

En tout cas, ce genre d'impôt de consommation sera d'une rentrée très économique et facile et pourra arriver à une très grande importance; d'autre part, tout en étant un impôt indirect, ce ne sera pas un impôt caché puisqu'il sera reproduit sur toutes les factures, le public sera donc renseigné. De ce chef on ne pourra reprocher à cet impôt ce qu'on reproche aux impôts indirects, qui sont généralement ignorés des consommateurs.

En résumé, nous demandons d'abord le rétablissement des anciens impôts qui étaient d'une rentrée si facile, puis un impôt sur le revenu unique ne s'adressant qu'aux signes extérieurs, un impôt sur tous les objets fabriqués qui sera recouvré par les industriels qui fabriquent ces objets; tous les impôts à progression et à dégression sont ramenés à un taux uniforme et pourront être remplacés par des impôts différents s'adaptant à des catégories différentes. Nous ne parlons pas de l'impôt sur les bénéfices de guerre qui doit disparaître après avoir fait beaucoup de mal sans atteindre son but, car les grands spéculateurs ont échappé à son action et, d'autre part, la petite et la moyenne industrie ont été sacrifiées, car elles n'avaient pas en main leur défense comme les grandes firmes. Beaucoup de ces industries moyennes et petites ne se relèveront pas du coup qu'elles ont reçu.

Il va de soi que les impôts qui frapperont les articles fabriqués en France devront s'appliquer au même taux pour les articles similaires importés de l'étranger.

CHAPITRE X

PROPRIÉTÉ

Il y a pour ce chapitre un axiome qui dit :

La liberté individuelle veut la propriété individuelle ; l'une ne peut exister sans l'autre. Sitôt que la propriété communiste apparaît, la liberté individuelle disparaît. On peut chercher comme on voudra, le plus subtil collectivisme qui établit la communauté supprime du même coup la liberté individuelle, qui ne peut exister avec le communisme.

Avec la propriété commune ou communiste, la volonté et l'action de l'individu disparaissent. Or, si nous avons une société sans liberté individuelle, cette société ne pourra jamais avoir qu'une vie précaire, et cette vie encore sera à la merci de groupements voisins où les principes sociaux de la création seront mieux observés et auront développé la puissance de cette nation.

Nous avons vu la solidarité à elle seule obtenue par le dogme, par conséquent une solidarité poussée à sa plus forte expression ; nous avons vu que, même dans ce cas, cette société, n'ayant pas la liberté individuelle, ne peut arriver à son complet développement et que, par la force des choses, cette société est dépassée et passe à l'arrière-plan.

Or, le communisme est bien loin d'obtenir la solidarité qu'on avait obtenu par le dogme ; le communisme aura donc une solidarité douteuse et une liberté individuelle nulle. C'est donc une organisation sans lendemain et sans existence même transitoire; cela restera une absurde conception.

Même dans le cas où la solidarité est obtenue par le dogme, l'individualisme ne peut exister; eh bien! même dans ce cas et même avec la propriété individuelle, cette société restera inférieure, car il lui manquera la liberté individuelle qui est indispensable à la vie sociale. Comment alors, dans le communisme où l'on n'aura aucune raison d'avoir la solidarité, — car enfin on ne voit pas comment le communisme pourrait engendrer la solidarité — invoquer un motif pour cette solidarité? Il n'y en a pas. Quant à la liberté individuelle, il n'en est pas question, car enfin elle ne peut exister avec le communisme.

Cette absurde conception de communisme n'aura jamais le loisir d'être essayée. Le simple bons sens la repousse; aussi les apôtres du communisme font miroiter aux yeux des masses électorales populaires que communisme veut dire partage des biens. Ces intelligences frustes acceptent cette conception comme une réalité de l'avenir, et plus d'un pauvre ouvrier est dérouté par l'absorption de ces principes et souvent s'oublie à commettre, d'après ces principes, des actes répréhensibles dont ensuite il supporte les conséquences quelquefois même toute sa vie. Le seul moyen pour réagir contre ces néfastes idéologues est de faire l'éducation du peuple; c'est le meilleur des préservatifs.

Nous avons du reste indiqué au chapitre de la vie ouvrière ce qu'il convient de faire pour établir la solidarité entre toutes les classes de la nation; en appliquant le programme que nous avons indiqué et en s'occupant consciencieusement de l'éducation du peuple, on amènera un état social où ces absurdes théories n'auront plus aucun écho. Lorsque l'ouvrier aura sa maison et sa vie de famille, et plus tard sa part de propriété de l'usine, toutes ces absurdes théories disparaîtront toutes seules.

PROPRIÉTÉS RURALES

Par suite de nos lois de succession, les propriétés rurales se sont beaucoup morcelées; il nous reste peu de grandes propriétés. La grande masse des propriétés rurales est représentée par les petites propriétés.

Cette grande division de la propriété est certainement une excellente solution de la question sociale; tous les petits propriétaires forment un ensemble conservateur très favorable à la sécurité du pays. Cet avantage est constaté depuis longtemps; aussi les apôtres socialistes s'imaginent que c'est là une solution définitive de l'état social et ils conseillent comme remède de continuer à diviser toujours.

Ces apôtres ne se rendent pas compte que, comme dans toutes les choses humaines, les meilleures solutions ont toujours un envers; dans l'espèce, la division de la propriété en France, qui est si favorable à la tranquillité du pays, est néfaste au point de vue économique.

Le petit propriétaire est routinier par la force des choses; sa petite propriété ne lui permet pas la production industrielle économique. C'est pourquoi, tout en se contentant d'un maigre bénéfice, il lui est impossible d'abaisser son prix de revient au niveau des pays à production industrielle économique. Par suite, avec des prix de denrées plus élevés la vie devient plus chère en France que dans d'autres pays, et pourtant le sol français est riche et productif.

Eh bien! cette situation est dangereuse pour le pays; ce renchérissement nous met en infériorité et augmente le prix de nos marchandises d'exportation. Cette situation risque d'empirer et devra forcément être modifiée.

Il y a là un grand problème bien difficile à résoudre. Sans doute, on fait des efforts louables pour combattre cette infériorité; les associations mutuelles sont un grand progrès, mais il reste beaucoup à faire pour arriver à un résultat.

En attendant, il conviendrait d'imiter d'autres pays qui ont supprimé les droits d'entrée pour les denrées de première nécessité. Cette suppression des droits d'entrée pourra nous faire obtenir des compensations pour l'entrée dans les autres pays de nos autres produits; c'est une grave question qui forcément doit préoccuper sans tarder les Pouvoirs publics.

Cet exemple de division de la propriété rurale montre comment, dans ces questions, on tombe dans des imprévus. Certainement, lorsque les lois de succession ont favorisé la création de la petite propriété, on n'a pas envisagé les conséquences qui en résulteraient, mais ces rigides lois économiques viennent au jour toutes seules et par voie de conséquence, sans qu'on s'en doute; on voit par là combien il faut de prudence dans l'établissement des lois et combien longtemps leurs principes doivent être tournés et retournés avant de devenir définitifs. Il n'y a rien de si triste que des lois qui doivent être retouchées dès leur apparition; c'est un travail peu méritoire pour son auteur.

Comme conclusion, nous établissons que la liberté individuelle veut la propriété individuelle et que l'association peut et doit corriger les conséquences économiques des petites propriétés autant dans le domaine rural que dans le domaine industriel et commercial.

DROIT DE CHASSE

Il nous reste à développer dans cet article le droit de chasse en France. Ce droit est étroitement lié au principe de la propriété.

En France, l'impression générale est que notre usage du droit de chasse est une institution démocratique. Cela est exact en le comparant au droit de chasse d'autres pays où ne peuvent en user que les privilégiés et les fortunés. En fait, notre chasse en France est surtout une heureuse et salutaire distraction pour les hommes d'étude, qui peuvent ainsi se livrer à un exercice salutaire et à un repos indispensable du cerveau; mais au point de vue des lois économiques, cette institution se présente sous un tout autre jour.

Nous croyons avoir en France un droit de chasse démocratique, c'est une erreur; nous n'avons qu'un absurde communisme dépourvu de toute justice. Qu'arrive-t-il en effet avec notre droit de chasse?

Tout le monde avec une petite dépense peut se faire chasseur; par suite, le nombre de chasseurs augmente toujours et la quantité de gibier diminue, car il faut bien retenir que tout citoyen français peut se faire chasseur, mais absolument personne ne s'occupe de la conservation du gibier.

Par la force des choses, au fur et à mesure que le

gibier diminue, le prix en augmente en vertu de la loi de l'offre et de la demande; et plus le prix du gibier augmente et plus le braconnage se développe; en sorte que tout contribue à la destruction du gibier et rien n'agit pour sa conservation; c'est la résultante obligatoire de tous les communismes.

Une fois cette situation acquise, il apparaît un autre facteur. Le prix très élevé du gibier fait que seules les grandes bourses peuvent s'en procurer. Tous les ouvriers et tous les citoyens à petits revenus sont obligés de s'en priver. Notre institution démocratique se trouve alors bien compromise; elle a bien le nom, mais en fait, si le droit de chasse reste démocratique, il faut convenir que la consommation est exclusivement aristocratique : ce qui montre une fois de plus qu'il ne faut pas pour les institutions sociales se payer de mots et que ces institutions doivent être étudiées à fond pour les mettre en harmonie avec les lois économiques et sociales.

Nous savons bien que, dans les milieux aisés, on se prévaudra que notre institution du droit de chasse représente l'abolition du privilège et que cette situation morale couvre toutes les conséquences qui peuvent en résulter. Sans doute, mais il faudrait tenir compte aussi des vœux que peuvent formuler cette quantité innombrable de travailleurs que l'on prive de gibier; s'ils étaient consultés sur cette question, il n'est pas douteux qu'ils adopteraient une solution qui leur permettrait la consommation du gibier au prix de la viande de boucherie ou même au-dessous, comme cela se trouve dans nos pays voisins, lors même que le droit de chasse actuel devrait en souffrir.

Si nos masses populaires acceptent l'institution

actuelle de notre droit de chasse en France, c'est parce que ces masses ignorent qu'on pourrait avoir de meilleures combinaisons, qui répondraient mieux aux lois économiques; le tout serait de leur apprendre toutes les solutions qu'on peut donner à ce principe.

Il y a encore une autre conséquence fâcheuse dans notre droit de chasse actuel. Le droit de chasse n'est en réalité délégué à personne. Le chasseur avec son permis peut se promener avec son fusil sur les routes, mais il n'a pas le droit d'entrer dans les propriétés. Aussi dans beaucoup de communes de France, les paysans commencent à se défendre contre les chasseurs et de cette lutte il résultera une situation fâcheuse pour tout le monde : nous voyons déjà que notre droit de chasse est une question mal étudiée qui aura besoin d'être revisée, et il ne convient pas d'attendre trop longtemps, car cette lutte entre propriétaires et chasseurs rendra la solution ultérieure plus difficile.

Pour résoudre cette question, il faut envisager que l'intérêt général veut la conservation du gibier. Il ne faut donc pas de communisme. Nécessairement les chasseurs doivent aussi être les conservateurs. On ne peut autoriser les uns à entamer le bien commun au détriment de la communauté; par conséquent chasseur et conservateur sont deux facteurs qui se tiennent et se compensent. Ils doivent marcher de pair.

Puis l'État ne peut autoriser la chasse sur propriété privée sans l'autorisation des propriétaires; il n'y aura là qu'une seule solution possible : c'est que tous les habitants d'une commune mettront en commun le droit de chasse sur leurs propriétés et en disposeront à leur gré, soit en chassant eux-mêmes ou bien en donnant à bail le droit de chasse à des particuliers ou à des sociétés. La loi imposera à toutes les communes de créer et d'entretenir une réserve de gibier.

Sans doute, le droit de chasse ne sera pas à la portée de toutes les bourses; c'est vrai, la chasse redeviendra aristocratique, mais par contre la consommation deviendra démocratique et enfin tous les intérêts en jeu auront satisfaction.

Les chasseurs en se mettant en société pourront trouver des chasses à louer à tous prix; évidemment les plus fructueuses seront d'un prix proportionnel.

Les propriétaires fonciers trouveront aussi leur compte, car les revenus de la location des droits de chasse leur feront retour plus ou moins directement. Par conséquent le droit de propriété est satisfait et reçoit sa compensation.

Les consommateurs auront du gibier à bon marché, car avec les réserves on aura de l'abondance.

Enfin l'intérêt général sera satisfait, car en ce moment le pays dépense des millions pour acheter du gibier à l'étranger. Or, le climat de France permettra de produire du gibier au delà des nécessités du pays.

Par conséquent tous les intérêts en jeu reçoivent satisfaction.

En France, nous avons l'habitude de dire que le lièvre français est d'un prix plus élevé parce qu'il est de meilleure qualité que les lièvres importés.

Cela est une erreur; d'après les lois économiques, le prix d'une marchandise repose d'abord sur son prix de revient, puis les échanges commerciaux établissent le prix de vente; ce prix de vente ne peut descendre que temporairement au-dessous du prix de revient.

Beaucoup de demandes haussent les prix et peu de demandes produisent l'effet contraire.

Or, nous pouvons produire des lièvres à un prix aussi bas que les pays voisins; par conséquent, si nous en produisons assez, le prix baissera jusqu'à s'approcher du prix des lièvres importés et les oscillations des cours se feront autour de ces bases. Par suite, lorsque nous aurons du gibier en abondance, il y en aura pour tout le monde et nous pourrons alors dire que la consommation de notre gibier est tout ce qu'il y a de plus démocratique.

L'organisation de ce nouveau mode de chasse ne demandera qu'une seule précaution. Il sera indispensable que cette réorganisation soit totalement à l'abri des interventions électorales, sans quoi elle est perdue d'avance. Tout au contraire, si elle n'est régie que par une loi intègre, elle peut donner satisfaction à tous les intérêts en jeu.

CHAPITRE XI

CAPITAL

En principe, le capital est produit par l'épargne et les plus petits revenus peuvent épargner. C'est une question de tempérament. Tel revenu de 30.000 francs n'en a pas assez pour les besoins qu'il s'est créés, tandis qu'à côté un revenu de 3.000 francs fera de l'épargne.

Le capital est donc aussi sacré que toute autre propriété. Il faut bien se garder de l'effrayer par des menaces ou des impôts arbitraires; les dirigeants qui commettent ces fautes sont bien coupables et font un tort immense à l'intérêt général.

Au nom de la liberté individuelle, il faut laisser agir le capitaliste à sa guise, afin qu'il puisse en disposer comme de toute autre propriété, et au nom de la solidarité il faut chercher à intéresser le capitalisme aux entreprises nationales. C'est dans cette voie que doit s'exercer l'intelligence et la sollicitude des dirigeants; nous devons constater avec regret que ces questions ne préoccupent pas assez les dirigeants; et l'intérêt public reste grandement en souffrance; aussi peut-on affirmer qu'un grand effort dans ce sens reste nécessaire en France. Ce ne sont peut-être pas les bonnes volontés qui manquent.

On se demande s'il ne conviendrait pas, en vue des immobilisations à faire en France, d'avoir un organisme spécial pour ces questions spéciales et s'il ne serait utile de constituer un corps consultatif central délégué par les parties intéressées et qui aurait une réunion annuelle avec mission d'étudier les questions qu'on lui soumettrait ou qu'elle ferait naître elle-même. Nous savons bien qu'on est déjà entré dans cette voie, mais cet organisme est encore très incomplet.

C'est ainsi que les dirigeants ont laissé détruire les banques privées par les grands établissements financiers. Cela est une grosse faute, car ces grands établissements ne sont d'aucun secours pour la petite et la moyenne industrie et ne conviennent qu'aux grandes entreprises, tandis que le commerce et l'industrie moyenne trouveraient un bon concours auprès des banques privées.

D'autre part, les grands établissements financiers s'occupent de trouver des affaires lucratives sans considérer la nationalité. On ne peut les blâmer : leur mission est de faire fructifier les capitaux qu'on leur confie ; ils n'ont pas à se préoccuper d'autre chose.

Tout au contraire, les gouvernants ont pour mission et pour devoir de faire prospérer l'industrie et le commerce nationaux. C'est à eux de rechercher les mesures qui pourront favoriser ce développement.

Il est reconnu que l'élément principal pour la prospérité industrielle, c'est le capital. Il faut donc chercher à mettre ce capital à la disposition des industries moyennes et petites en évitant surtout de faire de cette opération de la monnaie électorale : pour cela, il y a une opération simple à faire qui ne fera courir aucun risque aux fonds que l'État avancerait ; il suffirait de donner aux banques privées une avance de capitaux égale aux capitaux de ces banques. On ne retirerait ce capital de l'État qu'une fois que les banques auraient perdu le leur.

Les petites banques disposeraient des sommes avancées par l'État, sous leur entière responsabilité. Cela fait que l'État n'aurait comme contrôle qu'à vérifier le bilan trimestriel.

Nous savons que la Banque de France escompte déjà largement aux banques privées; mais cela ne peut servir aux découverts que les banques privées sont obligées de faire aux industriels et aux commerçants.

Des gouvernements intelligents et diligents doivent se défendre de faire une entreprise quelconque contre le capital. Ils doivent au contraire apprendre au pays que le capital, aussi bien que toute autre propriété, est sacré, et il faut habituer les masses populaires à bien se pénétrer de ce principe, qui est commandé par la liberté individuelle et par la solidarité.

Nous avons du reste vu, dans les chapitres précédents où nous traitons de la propriété rurale et de la vie ouvrière, qu'il sera possible d'amener l'immense majorité de la société à devenir capitaliste, et on aura cette résultante que, pour si petite que soit la fortune du capitaliste, il formera un élément conservateur intangible, et les utopies socialistes, communistes et collectivistes n'auront plus aucune prise sur lui.

En conclusion, la possession du capital est réglée par le principe de liberté individuelle et son emploi est plutôt dominé par la solidarité.

Il ne convient pas de chercher des récriminations contre certaines fortunes. Sans doute, nous voyons des choses scandaleuses; cela est inévitable, dans un pays de liberté. Mais les plus regrettables scandales sont encore ceux qui naissent dans le milieu politique. Les effets de ce scandale sont désastreux pour le pays; les masses populaires en déduisent qu'il n'y a plus d'honneur ni de dignité, par conséquent plus de solidarité possible. C'est la théorie qu'il est permis de voler, mais pas de se faire prendre. Ce mal veut le fer rouge, ce n'est pas que nous disions de frapper les coupables, non, ce n'est pas une solution; il faut empêcher ce mal de se produire, et la cause initiale du mal réside dans le suffrage universel; c'est là qu'il faut corriger.

Il nous reste à établir qu'on doit éviter de faire du capitaliste un adversaire de la société. Tout au contraire, tous les capitalistes sont des épargneurs fort intéressants pour le développement de la nation. Être épargneur est une qualité précieuse pour le pays. Il est absurde de jalouser cette catégorie de citoyens qui trop souvent vivent de privations, d'autant qu'après un très petit nombre de générations ce capital passe en d'autres mains et est remis en circulation.

Le capital doit être traité comme toute autre propriété. Il faut lui assurer une sécurité absolue et chercher à gagner sa confiance pour l'entraîner vers les immobilisations nationales. Cela donne un double revenu pour le pays; d'abord le capitaliste aura son revenu et l'entreprise à son tour distribuera des salaires et des bénéfices. Il y a là un grand problème à recommander à nos dirigeants pour la prospérité du pays dont tout le monde profitera, aussi bien les ouvriers et les commerçants que le budget de l'État. Il faut savoir vivifier tous les éléments producteurs de notre pays.

CHAPITRE XII

CONCLUSION

L'analyse que nous avons faite des diverses organisations sociales existantes va nous permettre de conclure avec plus de clarté. Nous connaîtrons la valeur sociale des diverses organisations existantes sans avoir besoin de développer chaque fois les termes employés pour nos conclusions.

Nous avons vu que la France avait eu la solidarité basée sur la foi religieuse. Cette foi étant bien réduite aujourd'hui ne peut plus servir de lien de solidarité; d'autre part, rien n'a encore remplacé la foi pour obtenir la solidarité, et alors au fur et à mesure que la solidarité à base religieuse diminue, l'individualisme augmente, et la rupture entre l'équilibre de ces deux principes entraîne la dégénérescence de la nation, qui se manifeste notamment par la diminution de la natalité.

Nous avons déjà expliqué que cette dégénérescence n'est pas une conséquence forcée et inéluctable de la vie d'une nation, comme beaucoup d'intellectuels veulent l'établir. Non, la dégénérescence d'une nation se continue uniquement parce que les dirigeants ne connaissent pas les causes de cette descente et par conséquent ne savent pas appliquer le remède. Peut-être, une fois notre étude mise à jour, se rangera-t-on à notre avis et reconnaîtra-t-on avec nous qu'on peut arrêter la dégénérescence d'une nation, en lui appliquant les règles résultant des lois de la création et que nous exposons sous la forme de trinité sociale.

Le premier travail à entreprendre sera de s'occuper de l'éducation populaire. Il y aura là une vaste entreprise qu'il faudra doter de maîtres, de locaux et de programmes, apprendre à cette jeunesse ce qu'est la liberté, ce qu'est la vie sociale et la nécessité de la liberté individuelle et de la solidarité.

Cette œuvre devra être organisée avec un grand tact de façon à intercaler les distractions et l'éducation dans des proportions attrayantes. On devra surtout viser à faire disparaître les divisions actuelles, sans quoi la solidarité est impossible.

Une société peut bien se diviser temporairement sur une question à résoudre, mais de cela on se remet. Ce qu'il faut éviter, ce sont les divisions permanentes qui empêchent forcément la solidarité de s'établir.

D'un autre côté, les améliorations à introduire dans le suffrage universel peuvent faire espérer une grande amélioration de notre vie nationale, en cherchant à élever au pouvoir les hautes compétences du pays; nous devrons forcément aboutir à un progrès considérable.

Nous cherchons bien, par l'attribution des bourses, à créer des supériorités intellectuelles. Nous avons un intérêt général à faire monter les hommes favorisés par de hautes qualités intellectuelles, mais presque tous ces hommes se placent dans l'Administration ou dans les corps savants. Fort peu arrivent dans les fonctions de la vie publique.

Pourquoi ne chercherions-nous pas à peupler nos assemblées délibérantes avec ces hautes compétences spéciales? Et pourtant, si le grand savoir est nécessaire, indispensable quelque part, ce serait bien dans les assemblées où sont décidées les grandes solutions de la vie nationale; on ne comprend pas que pour ces fonctions élevées nous n'ayons aucune règle; il est certain que le pays où ce choix sera le mieux secondé, a beaucoup de chance d'être le mieux administré. Il est donc fort désirable que pour cette organisation nous trouvions une solution qui puisse faire honneur à la France.

Enfin pour asseoir le principe de solidarité, il est indispensable qu'il existe des relations cordiales entre tous les citoyens du pays; il est indispensable que chacun ait la sécurité absolue de sa personne et de ses biens; il est indispensable qu'un Français puisse dire et le croire, qu'en France il est chez lui et dans sa famille, et qu'il puisse s'attacher à son pays.

On peut admettre aussi que le principe de solidarité sera fortement appuyé par les solutions que nous préconisons dans le chapitre de la vie ouvrière. Avec cela on fera disparaître cette division de classes qui existe actuellement. Les premiers et les seconds ouvriers deviendront propriétaires et capitalistes; pour le rebut incapable on ne pourra que chercher à avoir des améliorations matérielles.

On ne peut espérer niveler tout le genre humain. Cela est une conception absurde qui ne se réalisera jamais. L'homme naît avec des facultés variées; regardons même dans ces classes d'enseignement secondaire où pourtant on a réuni des enfants du même âge et à peu près de même force : eh bien! voyez les variantes qu'on rencontre là dans un groupe qu'on a trié. Cela prouve jusqu'à l'évidence qu'on ne peut et qu'on ne doit compter sur un nivellement; on ne doit pas empêcher la lutte pour la vie; on doit chercher à adoucir ses conséquences; il ne faut donc pas compter qu'on pourra faire monter tous les ouvriers. On cherchera à en élever un plus grand nombre possible, et on cherchera à traiter avec humanité et bonté les incapables qui ne sont aptes qu'à des travaux simples et manuels où l'intelligence ne joue aucun rôle.

Cette œuvre pourra du reste être grandement secondée par les gouvernements et leurs délégués, notamment les préfets. On partira de ce principe que le meilleur remède pour améliorer la vie ouvrière, c'est de favoriser la prospérité industrielle et commerciale. MM. les préfets devront être bien pénétrés de ce principe que seule la prospérité industrielle peut améliorer la vie matérielle de l'ouvrier; que de plus cette prospérité profite à l'intérêt général du pays et surtout au budget.

Nous répétons ici le vœu qu'il est grandement désirable que notre enseignement public renferme, dans ses programmes, les principes sociaux et économiques que nous exposons dans cette étude; pour que la solidarité et ses lois soient comprises, il faut nécessairement les enseigner; peu nous importe la forme que l'on donne à cet enseignement pourvu que les grand principes sociaux soient connus.

Il est permis de supposer que, une fois l'enseignement de ces principes passé dans les mœurs, nous n'assisterons plus à ces regrettables exposés où des universitaires viennent mettre au monde et étaler en public des conceptions sociales absurdes qui dénotent une ignorance absolue des lois sociales et économiques.

Vu leur origine, ces conceptions incomplètes font quand même leur chemin et troublent beaucoup d'imaginations. C'est du temps perdu pour tout le monde, ce sont des efforts stériles qui pourraient être mieux utilisés.

Ce défaut se trouve aussi chez les journalistes. Nous pensons que là aussi, sans rien modifier à la liberté de la presse, l'enseignement des lois sociales nous vaudra des articles sérieux, mieux appuyés que ceux qu'on nous expose actuellement.

En nous résumant, nous avons fait voir qu'à l'aide des trois principes établis par nous : liberté individuelle, solidarité et pouvoir régulateur, on peut solutionner d'une façon rationnelle toutes les combinaisons sociales. Cela constitue une règle intangible : on ne peut passer à côté. Avec un peu d'esprit d'observation on reconnaîtra bien vite la toute-puissance de ces principes. Nous n'entendons pas avoir la prétention de les offrir comme une solution finale, mais nous croyons qu'il y a là une base qui permettra une étude plus approfondie encore. Peut-être nos hautes compétences intellectuelles pourront-elles décider que les principes exposés par nous peuvent fournir les bases des lois économiques et sociales de l'avenir et être présentés pour l'enseignement sous une forme plus érudite que celle que nous avons pu leur donner. Nous pourrons du reste être amené à discuter en détail les conceptions que nous avons exposées dans cette étude. Nous n'avons nullement la prétention d'avoir trouvé le dernier mot de la science sociale; nous serons du reste suffisamment satisfait si nous avons réussi à faire effectuer un progrès, si léger soit-il, à l'organisation sociale de notre pays.

LIBERTÉ INDIVIDUELLE
SOLIDARITÉ
PRINCIPE RÉGULATEUR

forment ensemble la Trinité Sociale.

Les solutions que nous indiquons au chapitre « La Vie ouvrière » et au chapitre « L'Impôt », sont deux solutions qui se tiennent, on ne peut faire l'une sans l'autre. Pour appliquer ces principes et leur donner la vie, il nous paraît nécessaire de réunir les groupements industriels faisant chacun la même fabrication, de leur soumettre ce programme, de faire établir par ces spécialistes les règles nécessaires pour l'application pratique de ces principes; ce ne sera qu'ensuite que l'État pourra présenter aux Chambres les lois qui pourront en découler et qui, du reste, seront fort simples, puisqu'on ne demande à l'État que l'achat des terrains pour la construction des maisons et puis de très petites primes d'encouragement pour les enfants des nouveaux capitalistes et propriétaires.

Mais la grosse tâche qui incombera à l'État, ce sera l'éducation populaire qui doit forcément s'ajouter aux autres innovations que nous préconisons; cette éducation s'impose d'une façon impérieuse, ce serait une faute impardonnable de ne pas s'en occuper.

Nous savons bien que des universitaires nous disent qu'il appartient aux chefs de famille et aux mères de faire cette éducation; cela est une grosse erreur, car les femmes d'ouvriers ne peuvent donner une éducation qu'elles ne possèdent pas elles-mêmes. Elles n'ont de vie morale que celle qui leur est enseignée par la religion, et, lorsqu'elles se détachent de la morale religieuse, ce qui est fréquent, il ne leur reste rien, puisqu'on ne leur a rien enseigné en dehors de la morale religieuse.

Le clergé fait bien des efforts pour s'occuper de cette éducation, mais il est insuffisant pour faire face à toutes les nécessités; il n'y a guère que les villes qui bénéficient de ces dévouements.

L'État pourrait bien, en se servant autant que possible du clergé et en complétant cette organisation avec les meilleurs instituteurs retraités, arriver à une solution pas trop coûteuse, car on peut demander aux communes d'intervenir pour fournir les locaux, et, pour ne pas commettre des erreurs, il faut faire établir des plans par des architectes à l'effet d'organiser des locaux proportionnés à l'importance des localités; pour ne pas multiplier outre mesure ces locaux, on pourrait commencer par doter les chefs-lieux de canton et les très grosses communes.

Il serait indispensable que les éducateurs soient classés hiérarchiquement comme par exemple : éducateur primaire, éducateur secondaire et éducateur supérieur; au-dessus de ces trois classes, c'est l'Inspection universitaire qui s'occuperait du fonctionnement.

Il faudra bien par avance préparer le programme éducateur que les maîtres devront posséder à fond; ils s'y conformeront tout en ayant une certaine initiative qui serait laissée à leur discrétion.

Il va de soi que cette éducation devra se donner aux deux sexes, mais bien entendu avec des programmes différents.

Pour se persuader que l'ensemble des principes que nous cherchons à faire adopter est bien la seule solution des difficultés sociales auxquelles on se heurte de plus en plus, il n'y a qu'à bien comprendre que la lutte des classes qui sévit en ce moment et qui fait présager les plus terribles conséquences n'a qu'une seule cause, c'est le désir de posséder; la lutte est circonscrite entre ceux qui possèdent et ceux qui ne possèdent pas, c'est là tout le problème, il n'y en a pas d'autre.

C'est pourquoi la solution que nous préconisons, et qui consiste à transformer le plus d'ouvriers possible en capitalistes et en propriétaires, est la seule solution pratique qui produira son effet. En allant dans cette voie, on agit avec certitude; on ne résoudra pas d'un seul coup tout le problème, mais on ouvrira une nouvelle route et, en s'avançant sur cette route, on voit un but certain; un but tangible et une réalité pratique et on peut franchement se nourrir d'espérance.

On admettra bien que ces solutions réelles et pratiques seront tout autre chose que ces promesses et ces illusions dont on nourrit le personnel du travail et qui ne voit jamais arriver de réalité.

Les augmentations de salaire ne conduisent pas à grand'chose, car la cherté de vie augmente dans une certaine mesure en même temps que les salaires.

Quand l'ouvrier verra sa maison qui sera sa propriété, qu'il y logera ses enfants, qu'il pourra cultiver son bout de jardin, élever de la volaille et vivre au milieu des siens au lieu d'aller à l'auberge, il sera possible que notre monde ouvrier finisse par adopter la mentalité de nos paysans et nous procure le repos social et des relations cordiales entre toutes les catégories de citoyens.

Qu'on réfléchisse bien sur la nécessité impérieuse de trouver une solution pratique aux nombreuses difficultés qui augmentent tous les jours et qui rendent de plus en plus difficile la solution des problèmes sociaux qui naissent à chaque instant et qui s'accumulent de plus en plus.

La prudence la plus élémentaire doit faire prévoir dans très peu d'années une pléthore de production industrielle dans le monde entier ; toutes les nouvelles installations qui se font dans tous les pays, rompront à un moment donné l'équilibre entre la production et la consommation et il en résultera forcément une crise avec des chômages.

Si l'état social était alors ce qu'il est aujourd'hui, nous risquerions d'être entraînés dans un cataclysme d'anarchie avec les plus graves conséquences.

Si, au contraire, nous avons organisé nos petits capitalistes et nos propriétaires, la crise sera bien moins aiguë, car l'épargne sera organisée et pourra faire face à une crise pendant un certain temps, on pourra se retourner pour opposer les remèdes de circonstance.

Voyez donc nos paysans qui ont la grande habitude de l'épargne : ils passent de longues périodes de crise sans broncher, ils savent qu'après un temps il en vient un autre, ils patientent et vivent sur leurs épargnes ; par conséquent, les solutions que nous préconisons répondent à tous les besoins de la vie sociale et constituent une organisation de haute prudence.

Les pouvoirs publics sont certainement anxieux d'avoir à faire face à des conflits continuels, et cela sans jamais arriver à une solution sociale ; la lutte recommence toujours avec plus d'âpreté et doit faire craindre un avenir dangereux et plein d'inconnu.

Aussi avons-nous la ferme confiance que notre solution pratique et réelle pourra appeler l'attention des pouvoirs publics et faire passer notre programme dans le domaine des réalités : c'est le vœu que nous formons.

TABLE DES MATIÈRES

IMPRIMERIE BERGER-LEVRAULT, NANCY-PARIS-STRASBOURG

Conseils pratiques à un Directeur d'entreprise commerciale et industrielle, par G. CERFBERR DE MÉDELSHEIM. 1919. Vol. in-12. . . *Net.* 4 fr.

Dans la Mêlée, par Émile VANDERVELDE, ministre de la Justice de Belgique. 1919. Volume in-12 . . . . 3 fr. 50

La Lutte financière entre les belligérants, par G. CERFBERR DE MÉDELSHEIM, directeur à la Direction générale des Finances d'Alsace-Lorraine. 1919. In-12, avec 8 planches hors texte . . . . *Net.* . fr. 25

Le Traité de Francfort. *Étude d'histoire diplomatique et de droit international,* par Gaston MAY, professeur à l'Université de Paris. (Ouvrage récompensé par l'Académie des Sciences morales et politiques.) 1910. Volume in-8 de 360 pages, avec 3 cartes dans le texte, broché. . . . . 6 fr.

Leurs Buts de Guerre. *Choix de documents sur la paix allemande,* réunis et publiés par G. PARISET, professeur à l'Université de Nancy. 5e mille. 1919. Volume in-12 . . . . *Net.* 1 fr. 50

La Prospérité économique de l'Allemagne. *Sa « Place au Soleil » et la Guerre,* par Gaston CADOUX, membre de l'Institut international de statistique. 1916. Volume in-12 . . . . *Net.* 40 c.

Le Nerf de la Guerre. *Les Ressources de la Défense nationale,* par G. CERFBERR DE MÉDELSHEIM, chef des bureaux du Service des émissions de la Défense nationale. 1916. Volume in-12, avec 3 gravures . . . . *Net.* 1 fr. 50

Le Crédit de Banque en Allemagne et en France et notre avenir économique, par F. DUPLESSIS, expert-comptable près la Cour d'appel de Paris. 1916. Volume in-8. . . . . 2 fr.

Les Dessous économiques de la Guerre, par Christian CORNÉLISSEN, économiste hollandais. Préface de Charles ANDLER, professeur à la Sorbonne. 1915. Volume in-12 . . . . *Net.* 60 c.

Du Régionalisme au Nationalisme financier, par Jean BUFFET, ancien inspecteur des Finances. 1917. Volume in-12. . . . . 3 fr. 50

Quatre cents Milliards. *Étude sur le coût de la Guerre et les indemnités que les puissances ennemies pourront payer,* par Barthélemy REY. 1916. Volume grand in-8 . . . . 1 fr. 50

Le Commerce franco-américain. *Rapport de la Commission industrielle américaine en France à l'Association des manufacturiers américains pour l'exportation.* 1917. Volume in-12 . . . . 3 fr. 50

L'Œuvre de la France. Articles traduits du journal *The Times.* Avec une carte. 1915. In-12 . . . . *Net.* 40 c.

L'Impérialisme français, par le comte DE FELS. 1916. Volume in-8 . . 2 fr.

L'Effort économique de la France *pendant deux ans et demi de guerre.* Publication du Bureau d'études de l'information diplomatique. 1917. Volume in-12. . . . . 1 fr. 50

L'Effort de la France, par Victor BÉRARD, Gabriel SÉAILLES, Paul DAUZET, Lucien LÉVY-BRUHL et Victor BASCH. Préface par Alfred CROISET. 1916. Volume in-12 . . . . *Net.* 60 c.

La Vie économique en France pendant la guerre actuelle, par Paul BEAUREGARD, professeur au Conservatoire national des Arts et Métiers. 1915. Volume in-12 . . . . *Net.* 40 c.

La Grande Guerre, les Nations et les Hommes. *Réflexions d'un contemporain,* par Léon MACCAS. 1918. Volume in-12. . . . . 3 fr. 50

Aujourd'hui. *Étude pour l'après-guerre économique,* par G. Devèze, député de Bruxelles, avocat à la Cour. 1919. Volume in-12 . . . . 4 fr.

Le Traité de paix mis à la portée de tous. *Les intérêts privés français,* par G. Dacher, docteur en droit. 1920. Volume in-12. . . . . *Net.* 3 fr.

L'Autre Guerre. *Essais d'assistance et d'hygiène sociales,* par Georges Cahen. 1920. Volume in-12 . . . . *Net.* 4 fr.

La Paix qu'il faut à la France, par le général Maitrot. 1919. Volume in-12. . . . . *Net.* 3 fr.

Le Socialisme contre l'État. *Problèmes d'après-guerre,* par Émile Vandervelde. 8e édition. 1918. Volume in-12. . . . . 3 fr.

L'École primaire et les Leçons de la Guerre, par Émile Bugnon, inspecteur primaire de Saint-Mihiel. Préface de M. Gabriel Séailles, professeur à la Sorbonne. Lettre de Mgr Ginisty, évêque de Verdun. 1919. Volume in-12. *Net.* 1 fr. 75

L'Application des lois de l'Hygiène à la reconstitution des régions libérées. Publication du ministère des Régions libérées. 1920. Volume grand in-8. . . . . *Net.* 2 fr. 50

Note contributive à l'amélioration de la loi de huit heures, par Frédéric Kopp. 1920. Grand in-8 . . . . *Net.* 60 c.

La Justice dans l'Impôt, par Jules Ingenbleek, docteur ès sciences politiques et administratives. 1918. Volume in-8 . . . . 7 fr. 50

Pour la Repopulation et Contre la Vie chère, par Alfred Krug. Préface de Ed. Herriot, maire de Lyon. 1918. Volume in-12. . . . . 3 fr. 50

Un Américain d'aujourd'hui. *Scènes de la vie publique et privée aux États-Unis,* par Brand Whitlock. Traduit de l'anglais par Mme Henry Carton de Wiart. 1917. Volume in-12, avec 2 planches hors texte . . . . 4 fr.

La Pensée allemande dans l'ordre juridique, par Jean Signorel, vice-président de l'Académie de législation. 1919. Volume grand in-8. *Net.* 3 fr. 50

L'Allemagne des Hohenzollern, 1415-1918, par Jean-Édouard Spenlé. 1919. Volume in-12 . . . . 3 fr.

Germania. *L'Allemagne et l'Autriche dans la civilisation et dans l'histoire,* par René Lote, agrégé de l'Université, docteur ès lettres. 2e édition. 1917. Volume in-12 . . . . 3 fr. 50

Le Sens des Réalités. Sagesse des États. *Leçons politiques de la guerre,* par René Lote. 1917. Volume in-12. . . . . 3 fr. 50

Culture et Kultur, par Gaston Gaillard. 2e édition, revue et corrigée. 1915. Volume in-8. . . . . 3 fr.

Guerre et Civilisation, par Christophe Nyrop, professeur à l'Université de Copenhague. Traduit du danois par Emm. Philipot, professeur à la Faculté des Lettres de Paris. Préface de Paul Verrier, professeur à la Faculté des Lettres de Paris. 1917. Volume in-12. 3 fr.

Les prix des ouvrages annoncés sur cette couverture, sauf ceux marqués **net**, *sont à augmenter de la majoration temporaire de* **50 %**. *(Décis. du Syndicat des Éditeurs.)*

IMPRIMERIE BERGER-LEVRAULT, NANCY-PARIS-STRASBOURG

www.ingramcontent.com/pod-product-compliance
Ingram Content Group UK Ltd.
Pitfield, Milton Keynes, MK11 3LW, UK
UKHW020924180726
13838UKWH00002B/737